편식하는 아이
건강하게
키우는 방법

집콕, 온라인 스쿨 시대에 맞는 우리 아이 건강한 식습관 코칭
편식하는 아이 건강하게 키우는 방법

초판 1쇄 인쇄 2021년 7월 15일
초판 1쇄 발행 2021년 7월 20일

지은이 김민경

발행인 백유미 조영석
발행처 (주)라온아시아
주소 서울특별시 서초구 효령로 34길 4, 프린스효령빌딩 5F
등록 2016년 7월 5일 제 2016-000141호
전화 070-7600-8230   **팩스** 070-4754-2473

값 15,000원
ISBN 979-11-91283-65-5 (13590)

※ 라온북은 (주)라온아시아의 퍼스널 브랜드입니다.
※ 이 책은 저작권법에 따라 보호받는 저작물이므로 무단전재 및 복제를 금합니다.
※ 잘못된 책은 구입하신 서점에서 바꾸어 드립니다.

라온북은 독자 여러분의 소중한 원고를 기다리고 있습니다. (raonbook@raonasia.co.kr)

집콕, 온라인 스쿨 시대에 맞는 우리 아이 건강한 식습관 코칭

편식하는 아이
건강하게
키우는 방법

김민경 지음

RAON BOOK

프롤로그

성공하는 아이는
식습관이 좌우한다

어릴 적 학교에서 우리가 삶을 유지하는 데 필요한 생활의 기본 요소를 의, 식, 주라고 배웠다. 나는 그중 '식'이 삶을 영위하는 데 있어 가장 중요하다고 생각한다. 음식을 먹지 않고는 열흘을 버티기도 힘들기 때문이다.

과거에는 생존을 위해 먹는 것에 초점을 맞췄다면, 현대사회에서는 건강, 영양, 식습관까지 여러 초점에 맞춰 먹는 것에 신경 쓰고 있다. 이러한 식생활의 변화에 따라 음식으로 인한 영양부족이 아닌 오히려 영양과잉의 형태도 나타나고 있다. 생활환경이 풍요로워지면서 사람들은 이제 식사를 생존이 아닌 건강 유지 및 질병 예방, 즉 삶을 좀 더 오래 영위하기 위한 것으로 인식하기 시작했다.

지금 우리 아이들의 먹거리는 부모 세대와는 다른 먹거리로 가득 차 있다. 넘쳐나는 먹거리 속에서 무방비로 무분별하게 음식을 접하고 있다. 그로 인해 다양한 질병들이 생겨나고 있다. 이러한 문제들은 현대사회의 잘못된 식습관에서 기인하고 있다고 해도 과언이 아니다.

'공든 탑은 쉽게 무너지지 않는다'라는 말이 있다. 대부분의 부모는 아이의 성공한 삶을 위해 어릴 적부터 학업을 매우 중요시 한다. 학업의 중요성과 마찬가지로 쉽게 무너지지 않는 건강한 아이로 만들고 싶다면 건강한 식습관을 아이들에게 심어줘야만 한다. 그것이 곧 건강하고 성공한 삶을 위해 가장 첫 번째로 해야 할 일이다.

어릴 때부터 20대까지 식습관에 공을 들이면 우리의 건강 상태는 쉽게 무너지지 않게 된다. 우리 아이가 성공하는 삶을 살게 하고 싶다면 우선 식습관부터 잘 잡아줘야만 한다. 세 살 버릇 여든까지 간다는 말처럼, 어릴 적 배운 식습관이 어른이 될 때까지 이어지는 경우가 많다. 이 사실을 놓쳐서는 안 된다. 적어도 청소년기가 끝나는 시기까지는 아이들의 건강하고 올바른 식습관을 위해 신경 써줘야 한다. 그래야만 아이들의 노후가 안정될 수 있다.

나는 10년이 넘게 학교에서 아이들을 봐왔다. 10년이 넘는 기간 동안 아이들의 식습관에 대해 관찰하고, 아이들의 다양한 사례를 겪고 들으면서 어떤 아이들이 좀 더 즐겁고 건강하게 지내는지도 깨닫게 되었다.

이 책은 우리 아이들에게 필요한 건강하고 성공한 삶을 살기 위한 올바른 식습관이 어떤 것인지에 관한 정보들을 담고 있다. 총 5장으로 구성됐으며, 1장에서는 식습관이 우리의 평생 건강을 책임진다는 내용으로 올바르고 바람직한 식습관이 무엇인지, 어릴 적 식습관이 왜 아이에게 그만큼 중요한지에 관한 내용을 담고 있다. 2장에서는 우리 아이의 영양 상태를 파악해 볼 수 있도록 했다. 우리 아이가 제대로 먹고 있는지, 편식 및 여러 가지 식행동 장애에는 어떠한 것들이 있는지, 아이들의 시기별 영양 상태를 확인해볼 수 있다. 또한 미각 중독에 따른 미각 테스트와 미각 되돌리는 방법에 대해서도 설명한다.

  3장에서는 건강하고 올바르게 먹이는 방법을 소개한다. 실제 영양사들이 이용하는 쉽게 식단 짜는 방법과 다양한 식품을 균형 있게 고르고 활용하는 방법, 영양학적으로 우리 몸에 좀 더 흡수율을 높여 제공하는 방법에 관해 설명하고 있다. 아울러 식품 관련하여 알아두면 유익한 정보도 함께 제공하고 있다.

  4장에서는 우리 아이의 올바른 식습관을 위한 일곱 가지 코칭 프로그램에 대하여 설명하고 있다. 일곱 가지 솔루션을 통해 아이들이 건강한 삶을 위한 올바른 식습관을 형성할 수 있도록 했다.

  5장에서는 가정에서 쉽게 만들 수 있는 간식 레시피를 통해, 가족과의 유대감을 형성하고 식사라는 것에 좀 더 즐겁게 다가갈 수 있도록 했다.

다양한 음식들이 범람하고 있는 시대를 살아가면서 여러 가지 음식들을 어떻게 균형 있게 맞춰서 먹어야 하는지가 참 중요해졌다. 나무가 멋지게 성장하기 위해서는 여러 가지 성장에 필요한 요소들이 골고루 갖춰져야만 한다. 우리 아이들이 멋진 나무로 성장해 우리 사회를 건강하게 만들기 위해서는 옆에서 지켜보는 부모들의 지속적인 노력이 필요하다.

학교에서 아이들에게 영양이 골고루 함유된 음식을 제공해주는 영양사로서 우리 아이들이 좀 더 건강하고 올바른 식습관이 형성되길 바라는 마음을 담아 이 책을 썼다. 올바른 식습관을 형성해 아이들이 건강히 자라서 풍요로운 삶을 살아가길 진심으로 바란다. 식습관은 우리 아이가 성공한 삶을 살기 위한 가장 기초가 되는 중요한 힘이다.

  이 책은 현대시대에 바쁜일상속에서 커가는 아이들의 식생활의 문제점을 살펴보고, 올바른 식생활 개선을 위한 방향이 나타아 있기에 아이를 키우는 학부모, 식생활 개선이 필요한 학생, 건강하고 올바른 식품을 선택하고 싶은 일반인 모두가 공유하여 쉽게 읽을 수 있는 책이다. 앞으로 나는 우리나라에 건강한 식습관이 정착될 수 있도록 식습관 코칭자로서 꾸준히 노력할 것이다.

김민경

차례

프롤로그 성공하는 아이는 식습관이 좌우한다　　　　　　　　　• 4

1장
아이의 식습관이 건강을 책임진다

살찌는 아이들이 점점 늘어나고 있다　　　　　　　　　• 17
바람직한 식습관이란 무엇일까?　　　　　　　　　　　• 24
20대까지의 영양이 평생 건강을 책임진다　　　　　　　• 31

2장
우리 아이 영양 상태 파악하기

제대로 먹이고 있을까?　　　　　　　　　　　　　　　• 41
우리 아이 몸에 맞는 좋은 식품이란?　　　　　　　　　• 47
편의점 간편식, 먹여도 문제없을까?　　　　　　　　　• 53
우유만 먹는 우리 아이, 괜찮을까?　　　　　　　　　　• 59
과일과 견과류는 달라는 대로 줘도 될까?　　　　　　　• 66
우리 아이 혹시 미각 중독일까?　　　　　　　　　　　• 71
거식증, 폭식증, 마구먹기장애 바로 알기　　　　　　　• 77
시기별 체크포인트를 확인하자　　　　　　　　　　　• 83

3장
건강하고 올바르게 먹이는 법

식단 짜기의 기본은 무엇일까?	• 93
식품 정보를 읽고 알아보는 법	• 101
조리법을 바꾸면 칼로리도 달라진다	• 113
식재료 궁합 맞추기	• 117
식품첨가물 억제하는 법	• 125
식재료 고르고 다듬는 법	• 131
가정간편식, 밀키트를 고르고 활용하는 법	• 137
맛과 영양을 모두 챙긴 재미있는 식단	• 144
비만한 아이를 위한 식단 조절법과 영양 상담	• 149
식품 알레르기가 있는 아이의 올바른 식품 선택 방법	• 160
줄일수록 좋은 삼총사 나트륨, 당, 트랜스지방	• 167

4장
올바른 식습관을 위한 조언

식습관을 바로 잡기 위한 규칙	• 177
편식하는 아이를 위한 바른 식생활 교육	• 187
올바른 식습관 형성을 위한 밥상머리 대화법	• 194
식습관에 따른 성격 유형을 파악하여 지도하라	• 201
오감으로 먹이면 더 좋다	• 207
식사 일기를 쓰는 습관을 들이자	• 213
아침밥을 먹어야 하는 이유	• 218

5장
아이와 함께 만드는 건강 간식

건강 채소꼬치	• 228
건강 햄버거	• 230
딸기청 우유	• 232
토르티야 견과류 피자	• 234
리코타 치즈	• 236
쌀클레이 떡	• 238
채소 계란빵	• 240
두부 동그랑땡	• 242
부리토	• 244
건강 쿠키	• 246
에필로그 성장하는 삶을 산다는 건	• 248

1장

아이의 식습관이
건강을 책임진다

살찌는 아이들이 점점 늘어나고 있다

아이들이 살찌고 있다

코로나19로 인해 아이들이 집에서 활동하는 시간이 늘어나면서 과체중 아이들이 늘어나고 있다. 실제로 대한소아청소년과학회가 2020년 10월에 발표한 6~12세 초등학생 아동 188명 대상 연구에 따르면, 코로나19 감염이 본격화된 2020년 2~3월과 3개월 후인 같은 해 6월 상태를 비교해본 결과 아동들의 체질량 지수(BMI)가 $18.5kg/m^2$에서 $19.3kg/m^2$로 늘었다. 같은 아동들을 대상으로 3개월 후 진행한 2020년 9월 연구 결과, 과체중 아동 비율은 30.2%로 증가했다.

2021년 1월 8일자 〈헤럴드경제〉의 '급식 대신 라면, 1년 새 15kg 불어난 아이, 직장맘이 죄'라는 기사에는 "지난 1년 새 신종 코로나바이러스 감염증(코로나19)으로 비만 아동·청소년이 급증하고 있다. 야외 활동량이 줄고 학교에서의 돌봄 기능이 제대로 작동하지 못한 탓이다. 특히 맞벌이 가정에서는 자녀의 식습관 관리마저 쉽지 않아 어린이·청소년 건강에 빨간불이 커졌다"는 내용이 있다. 코로나19 사태 이후 아이들이 주로 집에서 생활하면서 인스턴트식품이나 즉석조리식품으로 끼니를 때우는 일이 잦아진 탓이라는 것이다.

살이 찌면서 생기는 대사증후군은 이제 어른들만의 전유물이 아니다. 외식 트렌드의 빠른 변화와 먹방, 쿡방과 같은 미디어의 범람에 따라 바르지 못한 식습관에 빠진 아이들이 늘어나면서 비만 아동이 늘어나고, 또 어린 나이에 여러 대사증후군을 앓는 아이들의 비율도 점점 높아지는 추세다. 대사증후군에 따른 성인병이 언제든 내 아이에게도 찾아올 수 있는 시대가 된 것이다.

편식 등 잘못된 식습관으로 인한 영양 상태 불균형은 우리 아이들의 성장 부진, 면역력 저하, 충치와 같은 치아 질환, 소아당뇨, 고지혈증, 아토피, 식품 알레르기, 불안 증상 및 과잉행동장애를 일으키는 원인이 된다.

10년, 강산만큼 변한 학교 현장

학교 현장에서도 뚜렷한 변화를 느낄 수 있다. 내가 처음 영양사를 시작했던 10년 전과 지금의 모습을 비교하면 아이들에게도 많은 변화가 보인다. 처음 근무를 시작했을 때보다 10년이 지난 지금, 비만 아동 수가 훨씬 늘었다. 아이들이 선호하는 음식에도 변화가 생겼다.

예컨대 10년 전에 선호도 조사를 했을 때 "산나물 비빔밥 맛있어요. 또 해주세요"라는 의견이 있었다. 그때의 아이들은 조금씩이나마 제공되는 모든 반찬을 다 받아갔고, 적어도 한 번씩은 먹거나 먹어보려는 노력을 했다. 볶은 김치, 콩나물무침, 김치찌개, 된장국, 청국장이 메뉴에 있어도 싫어하지 않고 잘 먹었다. 오히려 냄새나는 청국장이 맛있다고 또 해달라는 아이들도 많았다. 또 아침 등교 때나 점심시간에 운동장에서 뛰어노는 아이들을 많이 볼 수 있었다.

그러나 요즘 급식을 하다 보면, 아이들이 나물 반찬, 김치 종류는 받아가질 않는다. 배식하는 분들이 음식을 주려고 하면 아예 식판을 뒤로 빼버린다. 선생님들이 먹어보라고 권해서 간혹 나물 반찬을 받았다면 먹지 않고 누군가가 보지 않을 때 그냥 잔반통에 버리고 가버린다.

선호하는 반찬도 달라졌다. 급식에 피자, 치킨, 햄버거는 기본이고 "머랭쿠키, 마카롱, 에그타르트, 쌀국수, 한우구이, 치즈퐁듀, 바비큐폭립 해주세요" 하는 아이들이 많아졌다. 청국장이나 산나물 비빔밥을 해달라는 아이는 아예 찾아볼 수가 없다. 급식에 청국장이 나오거나 산나물 비빔밥이 나오면 "오늘 급식에는 먹을 것이 없다"고 하면서 밥을 먹으러 오지 않는 학생들도 생겼다.

치킨도 뿌링클 치킨, 자메이카 치킨처럼 좀 더 강하고 자극적인 메뉴를 찾는다. 이제는 메뉴가 본인들 기호에 맞아야만 급식을 먹으러 온다. 좋아하는 음식만 받아가고, 그 음식만 많이 달라고 한다. 아침이나 점심에 운동장에서 뛰어노는 아이들을 본 지가 언제인지 모르겠다. 그래서인지 비만 아동도 편식 아동도 10년 전보다 부쩍 늘었다.

잘못된 식습관과 운동 부족에 따른 소아비만

학교급식에도 변화가 있었듯이, 사회적으로 식품 산업이 발달함에 따라 아이들이 먹는 식품에도 변화가 나타났다. 손쉽게 먹을 수 있는 편의점 간편식, 과자, 패스트푸드, 탄산음료 등의 범람으로 지방이 많고 칼로리가 높은 식품의 섭취가 증가하였다. 더군다나 걷고 뛰는 활동보다 컴퓨터나 휴대폰을 이용하며 앉아 있는 시간이 늘어나 아이들이 에너지를 소비할 기회도 줄어들었다. 따라서 운동 부족에 따른 소아비만이 증가하고 있는 것이다.

2021년 1월 5일자 〈병원신문〉은 '소아당뇨·고혈압·지방간, 원인은 비만'이라는 기사에서 '2015년 대비 2019년 20대 미만 비만 소아·청소년이 2배 이상 증가하였다'고 쓰여 있다.

그리고 2021년 1월 9일자 〈한국일보〉의 '어린이 비만 최근 4년 새 2배 증가…당뇨병·고혈압·지방간은 20~40% 늘어' 기사에는 '중앙대학교병원 비만영양클리닉 이대용 소아청소년과 교수가 건강보험심사평가원 통계 자료를 분석한 내용에 따르면, 비만으로 병원 진료를 받은 20세 미만 소아·청소년은 2015년 1,837명에서 2019년 3,812명으로 늘어나 최근 4년 사이 2배 넘게 증가한 것으로 확인됐다. 또한 2015년에는 전체 비만 환자 중 20세 미만이 11.3%인데 반해 2019년에는 16.3%로 소아·청소년의 비만 비중이 증가했다'고 쓰여 있다.

소아비만은 성인의 비만과 마찬가지로 고지혈증, 지방간, 고혈압과 당뇨병 같은 성인병을 조기에 불러올 수 있을 뿐만 아니라, 특히 고도 비만아(비만도 150% 이상) 중 78% 이상에게 합병증이 발생하고, 합병증으로는 고지혈증(61%), 지방간(38%), 고혈압(7%), 당뇨병(0.3%)등이 있다. 수치만 봐도 50%가 넘는다. 이는 반이상이 성인 시기의 비만으로 이행된다는 뜻으로 문제가 심각하다.

소아비만은 결국 당뇨, 고혈압, 비만 세포 증가에 따른 성조숙증으로도 연결될 수 있으며, 심리적으로 예민해지는 소아·청소년 사춘기의 특성상 사회생활, 학교생활에서도 자존감이나 따돌림, 학업 성적 등에도 영향을 미칠 수 있다.

아이가 엄마보다 먼저 성인병에 걸릴 수도 있다

성인병은 보통 중년 이후나 고령층에서 발생한다. 성인병은 노화 현상, 식생활, 생활환경 등 다양한 원인들이 복잡하게 얽혀서 오는 생활습관병이다. 그런데 중년 이후에 나타나는 성인병이 아이들에게 생겨나고 있으며, 이것을 소아성인병 또는 소아대사증후군이라고 한다.

2007년 11월 24일자 〈서울신문〉에 실린 기사 '소아대사증후군 가볍게 보단 큰 코'에 따르면 비만인 소아·청소년 10명 가운데 4명 은 대사증후군 판정을 받아 문제의 심각성을 더하고 있다고 한다. 소아·청소년 시기의 대사증후군이 위험한 이유는 심근경색, 뇌졸 중, 당뇨병, 신부전증, 망막 질환 등의 심각한 합병증을 일으키기 때문이다. 이런 환자는 20~30대에 성인병으로 고통받을 가능성 이 매우 높다.

중년 이후에 대사증후군 상태에 이른 사람들은 치명적인 합병 증이 오더라도 대개 60~70대 이후지만, 소아대사증후군 환자의 경우에는 최소 40~50년간 무거운 짐을 지고 살아야 한다. 식생활 등 환경적인 변화로 어린 시절부터 당뇨병이나 뇌졸중을 걱정해 야 하는 시대가 왔다. 부모보다 먼저 자식이 성인병을 경험하는 상 황이 벌어질 수도 있는 것이다.

이러한 소아성인병인 소아대사증후군은 결국 앞에서 말한 소아 비만에서 원인을 찾을 수 있다. 이전과는 달리 소아비만이 늘어나 면서 실제 당뇨병, 고혈압, 고지혈증을 겪는 소아 환자들이 계속적 으로 증가하고 있기 때문이다. 소아당뇨학회가 따로 있을 만큼 소 아성인병의 대표격이라 할 수 있는 소아당뇨는 소아내분비질환으 로 소아비만, 소아고혈압 등과 함께 꾸준한 증가세를 보이고 있다.

어른과는 달리 아이들은 스스로 병을 관리하거나 조절할 수 있 는 능력이 부족하기 때문에 당연히 합병증 위험이 높을 수밖에 없 다. 식습관도 마찬가지다. 결국 스스로 조절하지 못하는 잘못된 식습관으로 인해 우리 아이들의 건강이 무너지고 있는 것이다. 아이들을 위한 건강한 식습관 정립이 필요하다. 아이의 식습관이 평생 동안의 건강을 책임지기 때문이다.

바람직한 식습관이란 무엇일까?

부모에 의해 아이의 건강이 결정된다

초등학교에서 아이들과 영양 상담을 해보면, 아이들의 건강 상태나 식습관이 가정에 따라 매우 다르다는 것을 알 수 있다. 대부분의 초등학교에서는 점심 한 끼만 제공하기 때문에 아이들에게 아침이나 저녁 혹은 간식으로 무엇을 먹었는지 물어보면 다양한 대답을 들을 수 있다.

건강 상태가 좋은 아이들은 가정에서 부모가 아이의 건강과 식습관에 관심이 많았고 성장기의 아이가 먹는 간식까지도 영양적인 면을 고려하여 신선하거나 건강한 식품으로 챙겨주고 있었다. 이처럼 영양학적으로 문제가 없기 때문에 이런 아이들의 경우 학업 성취도 또한 높았다.

그러나 상대적으로 건강하지 않고 영양 상태가 좋지 않은 아이와 상담을 해보면, 아침을 먹지 않고 학교에 오는 경우가 많았다.

아침을 먹지 않고 학교에 오기 때문에 점심에 폭식을 하거나 편식을 했다. 간식은 주로 편의점 등 밖에서 먹고 싶은 것을 사먹는 경우가 많았다.

식습관이 좋지 않고, 영양 상태가 좋지 않은 아이들을 보면 부모 또한 좋지 않은 식습관을 갖고 있는 경우가 많았고, 아이가 무엇을 어떻게 먹고 있는지에 대한 부모의 관심이 높지 않았다. 결국 어떤 음식을 어떻게 먹고 있는지에 대한 부모의 관심 여부에 따라 아이의 식습관과 건강 상태가 좌우되고 있는 것이다.

식습관이 좋으면 운동도 공부도 잘한다고?

내가 근무하고 있는 학교 4학년 재학생인 A군은 아침 출근길에 마주칠 때마다 학교 앞 슈퍼에서 파는 닭강정을 먹으면서 학교에 온다. "왜 매일 아침 닭강정을 먹니?"라고 물어보면 "늦잠 잤고, 닭강정을 좋아해서요"라고 늘 대답한다. 간혹 아침을 먹고 오는 날에 무엇을 먹었냐고 물어보면 "어젯밤에 먹다 남은 치킨이랑 피자 먹고 왔어요"라고 한다.

A군은 학교에서 점심도 늘 먹는 둥 마는 둥 했다. 걱정돼서 A군 교실에 가보면 또 슈퍼에서 사온 과자를 먹고 있다. 친구들이 한 입만 달라고 할까 봐 몰래 얼른 먹는다. 왜 학교에서 점심을 잘 먹지 않느냐고 물어보면 학교에서는 자기가 먹기 싫은 것도 많이 나온다고 대답한다.

그리고 점심시간에 학교에서 나오는 짜장면보다 배달시켜 먹는 짜장면이 양도 많고 맛있다고 한다. 또 학교에서는 왜 치킨을 한 사람당 한 마리씩 주지 않느냐고 불평한다. 그동안 A군이 아이들 하고 함께 신나게 뛰어노는 걸 나는 본 적이 없다. A군이 먹고 싶다고 하면 부모님은 무조건 사준다고 했다. 내가 보기에 A군은 소아비만에 가깝다.

그와 반대로 6학년인 B군은 학교에서 전교회장을 할 정도로 교우관계가 매우 좋다. B군은 늦잠을 자지도 않고 집에서 차려준 아침밥을 늘 먹고 온다고 했다. 점심에도 제공되는 음식을 골고루 먹을 수 있는 만큼만 받아간다. 또 모든 음식을 잘 먹고, 식사 시간에도 산만하지 않고, 잔반도 남기지 않는다. 담임 선생님께 B군의 학습에 대한 것을 물어본 결과, 모든 활동에 적극적이며, 학업 성취도도 매우 높다고 했다.

학교급식의 고충

작년 새 학기가 시작된 지 얼마 되지 않아 우리 학교로 전학을 오게 된 초등학교 2학년 A군과 병설유치원 원아 B양을 둔 어머니로부터 급식실로 전화가 왔다. 어머니께서 하신 말씀은 이러했다.

"우리 아이는 아직 매운 음식을 먹지 못하는데, 학교급식에 치즈불닭과 같이 매운 메뉴가 있으면 어떡하라는 거죠? 또 된장국이나 호박, 버섯이 들어간 음식도 좋아하지 않는데, 아이들의 기호를 전혀 고려하지 않은 식단인 거 같아요. 아이들이 밥을 먹지 않을까 봐 집에서도 잘 사용하지 않는 식재료인데, 대부분의 아이들이 좋아하지 않는 식재료를 학교에서 사용하면 아이들이 점심을 굶고 오지 않겠어요?"

그 전화를 받은 후 고민이 되었다. 속상하기도 했다. 나름 아이들의 영양과 건강을 생각해서 다양한 식단을 제공하기 위해 노력했을 뿐이었다. 설마 영양사가 시중에 파는 치즈불닭만큼 매운 것을 학교급식으로 아이들에게 먹일까? 식품 알레르기가 있는 아이들의 경우는 다르겠지만, 호박이나 버섯을 싫어하는 아이들에게 그런 식품을 먹일 노력도 하면 안 되는 것일까?

그럼 나는 앞으로 어떻게 신경을 써줘야만 할까? 아이들이 싫어하는 식재료는 다 배제하고, 좋아하는 음식인 치킨이나 피자에 콜라로 한 끼 식단을 짜고, 다음 날에는 햄버거와 라면으로 한 끼 식단을 짜서 제공하면 될까? 그럼 그다음 날은 짜장면과 탕수육, 후식으로 흑당라떼 한 잔 이렇게 제공하면 요즘 아이들에게 훌륭하고 완벽한 식단이 될까? 아이들이 좋아하는 것만으로 메뉴를 짜서 제공하는 것이 과연 올바른 식사일까?

나는 학교급식에 제공되는 반찬 다섯 가지 중에 서너 가지 반찬을 먹지 않는 것은 문제가 있다고 생각한다. 단 한 가지 좋아하는 음식만 가져가서 먹는 것은 편식이며 잘못된 식습관인 것을 알아야 한다.

잘하고 있다고 착각하기 쉬운 식습관

보통 새 학기에 학교급식 모니터링 안내장을 보내면 주로 저학년 학부모님들이 많이 신청하신다. 초창기에는 학교급식 모니터링이 무엇인지도 모르고 안내장이 나가니까 신청하시는 학부모님들도 있었다. 학교급식 모니터링이란, 학교급식의 전반적인 과정(물건 검수부터 아이들 식사 후 청소까지)을 학부모님들이 오셔서 보고 모니터하는 과정을 말한다.

한 번은 저학년 학부모들 중에 학교급식에 매우 관심이 많은 학부모 한 분이 오셔서 꼼꼼하게 모니터링을 하신 적이 있다. 우리 학교의 급식에 GMO 식품(유전자 재조합 식품)을 사용하고 있는지, 식자재는 어디서 납품되는지, 위생 상태는 어떤지, 아이들의 식습관을 위해 어떤 교육을 하고 있는지, 어떤 식재료를 주로 사용하고 식재료 상태는 어떤지, 공산품을 얼마만큼 사용하고 식재료 상태는 어떤지, 등 꼼꼼하게 모니터링하면서 많은 질문을 하셨다.

궁금한 이야기를 다 듣고 난 후, 갑자기 내게 "왜 학교급식에 당귀 비빔밥이 나오지 않나요?"라고 물으셨다. 이제 1학년이 된 아이가 채식주의자라 학교급식에 고기가 나오면 먹지 못하는데, 당귀와 같은 집에서 직접 키운 식재료로 만든 비빔밥을 무척 잘 먹는다고 했다. "고기만 먹는 다른 아이들과는 달리 우리 딸은 엄마를 닮아 채소를 잘 먹어요"라고 하면서 칭찬을 했다.

하지만 아이를 보니 얼굴이 핏기가 없을 정도로 하얗고 또래 아이들보다 마르고 작았다. 이것 또한 소아·청소년기에 부모가 잘못하고 있는 올바르지 않은 식습관 중 하나다.

무엇을 먹느냐에 따라 우리 몸이 달라진다

그렇다면 어떻게 먹어야 할까? 아이들의 체형이나 성격을 보면 가정에서의 식습관을 어느 정도 짐작해볼 수 있다. 먹는 음식에 따라 그 나라 사람들의 모습이 보이는 것과 마찬가지다. 기름진 것을 좋아하는 중국 사람들의 체형, 소식을 하는 일본 사람들의 체형, 빵과 고기를 주식으로 하는 서구인들의 체형 모두가 다르다.

나라마다 식문화가 다르듯이 식습관에 따른 신체 조건, 성향이 모두 다르다. 결국은 우리가 무엇을 먹느냐에 따라 우리 몸이 달라진다는 뜻이다. 또 무엇을 어떻게 먹었느냐에 따라 아이들의 건강 상태에도 영향을 미친다. 우리나라 아이들이 점점 서구화되고 있는 이유는 그만큼 서구인들의 음식이 우리나라에 많이 들어와 있기 때문이다.

요즘 가정에서는 아이들이 좋아하는 음식을 먹게 하는 경우가 많다. 핸드폰 앱으로 간단히 주문만 하면 아이들이 좋아하는 음식이 금방 집으로 배달이 된다. 바쁜 부모들에게는 아주 기쁜 소식이면서 아이들과 실랑이하지 않고, 간편하게 식사를 해결할 수 있는 방법이다. 그러다 보니 아이들이 좋아하는 서구화된 음식인 피자, 치킨, 햄버거로 식사를 대신하는 경우가 많아졌다.

이 방법이 나쁘다는 것은 결코 아니다. 모든 부모가 매번 식사 때마다 칠첩반상을 차려서 먹을 수도 없기 때문이다. 우리나라 전통 한식만이 건강한 식단이라고 할 수도 없다. 간단하게 먹더라도 충분히 영양가가 있고, 몸에 좋은 음식을 섭취하는 것이 바람직한 식습관이라고 할 수 있다.

부모가 하는 행동이 우리 아이들에게는 평생의 식습관이 될 수도 있다. 우리는 아이들이 좋아하는 음식만 먹지 않도록, 영양의 불균형이 오지 않도록 제대로 된 식습관을 만들어줄 필요가 있다. 바람직한 식습관을 가진 아이들은 건강도 잘 유지가 될 뿐 아니라, 자연스럽게 비만도 예방된다. 그렇게 만들어진 바람직한 식습관으로 인해 가정이나 학교에서 정서적으로 안정된 아이들은 학업 성취도도 매우 높고, 교우관계도 좋을 뿐만 아니라 당연히 건강 상태, 발육 상태가 매우 우수할 수밖에 없다.

20대까지의 영양이 평생 건강을 책임진다

인간의 성장은 20대까지다

인간의 생애주기별 성장 곡선을 보면, 태어나서 20대까지 모든 면에서 성장은 계속되고 있다. 소아·청소년기를 거쳐 어른이 될 때까지 우리 몸은 신체적으로 계속 성장하기 때문이다.

인간의 성장 시기를 도식화한 '스캐몬 성장 곡선(scammon's growth curve)'을 보면 면역, 신경, 생식기 등 신체적 성장이 완료되는 시점을 20대로 보고 있다. 스캐몬 성장 곡선의 면역계형은 임파계형 또는 림프형이라고 한다. 림프조직, 편도선, 흉선이 아동기(10~12세경)에 현저히 발육하여 성인의 2배나 높은 비율로 급격히 성장하다가 성인과 비슷한 비율로 감소하게 된다. 이때 시점에서 면역 체계를 갖추게 된다.

신경계형은 뇌, 척수, 감각기관으로 영유아 초기에 급속히 성장하면서 생후 4세에 최대의 세포수에 달하며, 6세에는 성인의 90%

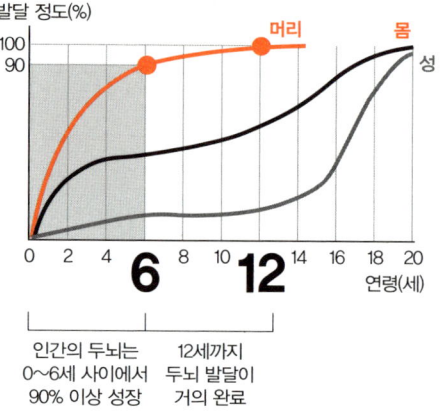

만큼 성장하고 10세 이후부터 성인과 유사하게 된다.

고환, 난소, 자궁이 성장하는 생식기형은 12세를 기점으로 사춘기인 2차 성징 이후부터 급격한 성장을 보인다. 마지막으로 일반형은 키, 체중, 근육, 골격, 내장기관 등의 일반적 신체 성장을 나타낸다. 결국 이 모든 성장 곡선은 20대까지 성장세를 보인다는 것을 알 수 있다.

20대를 결승점으로 생각하자

뼈 성장도 마찬가지이다. 뼈의 성장기가 끝나고 최대 골질량을 갖게 되는 시점도 20대이다. 다음 도표에서 볼 수 있듯이 20대에 이미 최대 골질량으로 발달된 경우 갱년기 이후 뼈 손실을 최소화할 수 있다. 20대까지 최대 골질량에 미치지 못한 경우는 20대 이

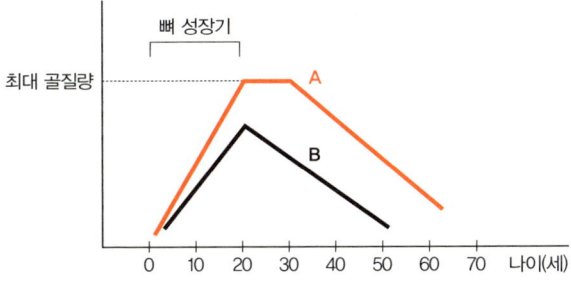

후부터 급격한 감소를 보인다. 이런 경우 골다공증이나 골연화증이 다른 사람들에 비해 빨리 오게 된다.

다른 모든 인간 생애 주기 성장 곡선도 마찬가지이다. 그래프를 보면 20대 이후에도 성장을 하고 있다고 생각할 수 있지만, 20대 이후에서 30대까지는 완만한 유지일 뿐 결국은 20대 이후부터 노화가 시작되고 있다.

인간의 성장 곡선 그래프도 골질량 그래프와 동일한 패턴으로 발달하고 쇠퇴한다. 20대까지 정점을 이루어 30대까지 유지되다가 그 이후부터는 점점 노화를 향해 간다. 이때 중요한 것은 20대까지 어떠한 영양으로 몸을 다져왔는가다. 영양을 균형 있게 섭취하고 적당한 운동 습관으로 근육을 형성했다면, 20대에 정점을 이룬 면역력의 힘으로 노화의 속도는 완만하게 진행될 것이다.

그러나 반대의 경우, 노화의 속도는 급격히 하강하는 그래프 모양을 나타낼 것이다. 따라서 우리는 신체적 성장이 완료되는 20대를 기점으로 20대 이후의 건강을 생각해볼 수 있다.

20대까지 관리하지 않으면 급격히 노화가 온다

예를 들어 생각해보자. 성장 곡선 그래프에서 B라는 아이는 20대까지 성장 곡선의 100%까지 올라가지 못하고 성장하였고, A라는 아이는 20대까지 성장 곡선의 꼭대기까지 갔다고 생각해보자. 과연 어떠한 아이가 20대 이후 더 건강하고, 성공한 삶을 살 수 있을까? B의 경우 20대 이후 건강 상태가 양호하지 못해 면역력이 저하될 것이다. 그로 인해 학습이나 사회활동에 영향을 미치고, 그 외에 다양한 정서적 문제가 따라오게 된다. 면역력 저하로 자주 아프기 때문에 의료비도 많이 들어가고, 다른 사람들에 비해 신체 노화도 빨라진다.

A의 경우 20대까지 최대 골질량, 최대 면역력, 최대 건강 상태를 유지하였으므로 면역력과 학습 능력이 높아지게 된다. 그로 인해 정서적으로 안정되어 사회적 성공에 좀 더 가까워질 수밖에 없게 된다. A와 B는 성인이 된 이후에도 다른 양상을 보인다. 100세 시대인 만큼 A는 건강을 잘 유지하여 100세까지 건강하게 살 수 있는 확률이 높고, B는 100세까지 살게 될지 분명치 않다. 또 산다고 해도 건강하게 살고 있지 않을 확률이 높다.

B의 경우는 이미 20대 이전에 영양 상태와 면역력 등 여러 가지 요소들이 많이 저하된 상태이기 때문에 20대 이후에 건강을 유지할 수 있도록 엄청난 노력을 쏟지 않는 한 20대에서 30대 이후부터는 급격한 노화가 올 수밖에 없다.

청소년기 영양이 무엇보다 중요한 이유

부모들은 엄마가 먹는 음식이 아이에게 가는 임신기, 출산 후 아이에게 모유나 분유를 먹이는 수유기, 이유식을 먹이는 영·유아기까지만 아이들의 영양에 신경을 쓰는 경향이 있다.

아이들이 아직 의사 표현을 하지 못하는 만큼 먹는 것에 신경을 쓸 수밖에 없고, 이때의 아이들은 영양 상태에 따라 발육 속도가 달라지는 것이 눈에 보이기 때문일 수도 있다. 그래도 대부분의 부모들은 먹는 것이 어린아이들에게 중요하다는 걸 알고는 있다. 그런데 그 이후 소아·청소년기에는 부모들의 관심이 좀 떨어지는 경향이 있다. 영·유아기의 아이는 부모가 음식을 주지 않으면 아이 혼자 스스로 먹지 못하는데 비해, 소아·청소년기에는 스스로 음식을 먹을 수 있기 때문이고 또 스스로 식품을 선택하는 경향이 높아지는 단계이기 때문이다.

학생의 경우 점심 한 끼는 학교에서, 아침과 저녁을 집에서 해결하게 되는데 늦잠을 자거나 부모님이 바쁘면 아침밥을 거르기 일쑤이고, 학교가 끝난 후 학원을 가는 아이들이나 맞벌이 가정의 아이들의 경우 저녁 또한 외식이나 간편식으로 대체하는 경우가 많다. 이 시기 영양 상태가 매우 중요함에도 아이들은 학업에 지치고 부모들은 바쁘게 일을 해야 함에 따라 식습관이 잘못되어가고 있다.

20대는 청소년기의 급성장을 거쳐 성인기로 이행하는 전환기로 성장과 성숙이 완성되는 단계이다. 20대 시기에 남성은 근육의 양이 많아지고, 여성은 남성보다 체지방의 비율이 높아지게 된다.

게다가 육체적 성숙과 함께 독립된 개인으로서 사회·정서적 발달이 이루어지는 시기이다.

그렇지만 20대 이전까지의 아이들은 바른 식생활을 통한 적절한 영양 섭취가 얼마나 중요한지 인식하지 못하는 경우가 많다. 오히려 변화하는 시대에 식생활에 대한 잘못된 가치관이 형성되고 있는 실정이다. 영아기 때부터 20대까지의 생활습관과 식습관은 평생을 간다. 이 시기에 올바른 생활습관과 식습관을 형성하는 것은 장년 이후의 건강 유지에 지대한 영향을 미칠 것이다.

따라서 현재 아이들의 영양 상태와 식생활을 진단·평가해보고 잘못된 점을 바로잡을 수 있도록 노력해야 한다. 20대 이후를 위해 우리는 올바른 식습관을 아이들에게 심어줄 필요가 있다.

학업보다 더 중요한 식습관 잡는 법

대부분의 부모들은 성공을 위해 어릴 때부터 공부를 잘해야만 한다고 생각한다. 그래서 아이들은 남들보다 공부를 잘하기 위해 학교가 끝난 후에 방과 후 활동이나 학원, 과외 등을 많이 다닌다. 부모들은 이렇게 해야만 우리 아이가 다른 아이보다 공부를 잘해서 성공할 수 있을 거라 생각한다. 공부를 잘하기 위해 가장 중요하게 선행되어야 할 것이 바로 '우리 아이 건강'이다. 나는 건강하지 않은 아이가 성공했다는 이야기는 들어본 적이 없다.

즉, 건강한 아이가 공부도 잘하고 다른 모든 것들도 잘할 수 있는 힘을 가지고 있다. 건강보다 공부를 우선시하는 부모들은 결국 본말이 전도된 셈이다. '본말 전도'란 뿌리와 잎사귀가 뒤바뀐 것, 다시 말해 사소한 것이 중요한 것을 제치고 앞에 나오거나 뒤에 해야 할 일이 앞서 실행되는 따위의 상황을 이르는 말이다. 무엇보다 중요한 건강을 길러주기 위해 가정에서부터 올바른 식습관을 길러줘야 한다. 올바른 식습관은 어려운 것이 아니다. 부모가 조금만 관심을 기울이면 충분히 할 수 있는 것이다.

가장 첫 번째로 해야 하는 것은 가급적 식사는 거르지 않고 하도록 유도하는 것이다. 아침, 점심, 저녁 제때 식사 시간을 지켜준다. 편식하지 않도록 다양한 식품에 노출시켜 골고루 먹을 수 있도록 지도해주는 일도 중요하다. 두 번째는 음식을 천천히 꼭꼭 씹어서 먹는 습관을 들여야 한다. 음식을 천천히 씹어 먹는 습관은 자라나는 어린 아이들의 턱뼈나 치아 발달에도 좋은 영향을 미친다.

세 번째는 간식은 안전한 식품을 슬기롭게 선택하여 먹여야 한다. 마지막으로 식사는 TV 앞이 아닌 가족과 함께 즐거운 환경에서 먹는 것이 좋다. 아이들은 학업 때문에 어른들은 회사 일로 저녁에 가족들이 함께하기 어렵다면, 아침만큼은 가족들이 함께 모여서 간단한 식사라도 하면서 대화를 하는 것도 좋은 방법이 될 수 있다. 굳이 힘들게 거창하게 차린 아침 식사가 아니어도 된다.

영양학적으로 균형 잡힌 식탁이면 된다. 영양 상태가 양호하고 정서적으로 안정이 된 아이들은 학업 성취도도 높을 뿐만 아니라, 사회생활을 잘할 수 있는 힘이 생길 수밖에 없다.

2장

우리 아이 영양 상태 파악하기

제대로 먹이고 있을까?

영·유아기의 식단 관리는 오롯이 부모의 몫

이유식을 먹는 영·유아기 시기에는 부모가 식품을 선택하여 아이에게 주기 때문에 아이에게는 식품 선택의 기회가 없다. 그래서 부모 마음껏 균형 있게 먹일 수 있다. 아이가 말을 배우며 자기주장을 하게 되는 시기인 4~6살에는 식품 선택에 있어서 본인이 좋아하는 음식을 먹겠다고 고집하기도 하지만, 그래도 그때까지는 부모 마음대로 먹일 수 있다.

영·유아기에는 아이가 직접 음식을 선택할 수 없으므로 부모의 역량이 중요하다. 그 시기의 부모는 아이의 영양을 위해 이유식 책도 찾아보고, 여러 가지 좋은 것을 어떻게 먹일까 고민한다. 나도 아이를 한 살이 되기 전까지 먹이면 안 되는 식품, 알레르기를 유발할 수 있는 식품, 머리가 좋아지는 식품, 면역력을 높이는 식품 등에 대해 관한 많은 책을 읽고 공부하고 고민했다.

요즘은 아이들이 먹는 이유식도 유기농 식재료로 만들어서 파는 경우가 많아졌다. 부모가 바쁜 경우 간편하게 만들어 파는 식품을 잘 선택해서 아이들에게 먹이는 방법도 있다. 간혹 사서 만든 이유식을 아이들에게 먹이는 경우 죄책감을 느끼는 부모들이 있다. 그런데 이런 방법이 나쁘다고 할 수는 없기 때문에 직접 만들어서 주지 않는다는 죄책감을 가질 필요는 없다고 생각한다. 오히려 이유식을 만드는 시간을 절약하고, 그 시간에 아이와 함께하는 활동을 통해 정서적 유대감을 갖는 것도 괜찮기 때문이다.

좋아하는 음식만 먹고 싶어 하는 아이들

그러나 초등학교 고학년이 되고 청소년이 되면 아이들은 식품 선택에서 자율권을 얻는다. 이때 아이들의 식습관이 나빠지기 쉽다. 아이들이 학교에 입학하고 나면 스스로 식품 선택을 하게 된다.

예를 들어 아침 식사를 거르고 학교에 가는 경우 편의점에 들러서 아이들이 먹고 싶은 음식을 사서 아침을 해결할 수 있다. 학원 가기 전 저녁 시간이나 쉬는 시간에 학교 앞 분식점이나 편의점 등에 들러 먹고 싶은 것을 사 먹는 경우도 있다. 대다수의 아이들은 좋아하는 라면, 햄버거, 편의점 김밥이나 도시락 등으로 아침이나 저녁을 먹는 경우가 많다.

이것 자체가 나쁘다기보다 이런 것이 식습관이 된다는 점에 문제가 있다. 우리 아이가 지속적으로 라면, 햄버거, 편의점 김밥이나 도시락만 먹고 자랄 수 있는 것이다. 또한 식품 선택에 있어서 다양한 식품이 아닌 좋아하는 식품만 선택해서 먹는 점에 주목해야 한다.

내가 일하는 학교 졸업생 중에 집에서 밥을 거의 먹지 않는 여학생이 있었는데, 부모의 걱정이 이만저만이 아니었다. 그전까지 나는 그저 편식이 많이 심한 아이라고만 생각했었다. 하지만 부모님의 이야기를 들어보니, 아침을 굶는 경우가 대부분이었고, 학원 가기 전에 집에 와서 저녁이라도 먹고 가면 좋겠는데 아이가 전혀 그럴 생각이 없다고 하였다.

항상 학원 앞 편의점에서 라면과 삼각김밥으로 저녁을 먹는다고 했다. 집에서 밥을 차려주면 반찬 투정을 하면서 먹지 않거나 치킨이나 피자를 시켜달라고 하며 집밥을 먹지 않으니, 결국 아이가 원하는 것을 사주게 된다고 하였다. 부모님께서는 아이가 하루 한 끼 점심을 먹는 시간이 제대로 된 식사를 할 수 있는 시간이라 생각하셔서 학교에서 점심이라도 골고루 잘 먹기를 바라셨다.

그 후 그 아이를 유심히 지켜본 결과 이미 그렇게 굳어버린 식습관으로 인해 학교에서 골고루 반찬을 나눠줘도 그 아이는 본인이 좋아하는 반찬만 먹고, 그런 반찬만 더 받으러 온 적이 많았다. 아이와 대화를 해보니, 라면을 좋아한다고 했다. 집에서 밥을 먹는 것보다 편의점에서 사먹는 게 더 맛있다고 했다.

나는 아이의 향후 영양 상태가 매우 걱정되었다. 그 후 아이와 자주 영양 상담을 하여 어느 정도는 좋아하지 않는 반찬도 먹게 되고, 밖에서 라면 먹는 습관도 많이 줄었다. 아침도 상담 이후에는 그래도 굶고 오는 횟수가 많이 줄었다고 했다. 이 학생은 부모님과의 상담을 통해 많이 교정되었지만, 모든 아이들을 상대로 매번 다 똑같은 상담을 할 수는 없다.

대략적인 신체 발달 상황을 보면 아이의 영양 상태를 어느 정도 짐작은 할 수 있지만, 점심 한 끼를 제공하는 입장에서 모든 아이의 전체적인 영양 상태를 다 알 수는 없다. 이 학생과의 상담은 내가 학교급식을 진행하면서 아이들한테 식습관에 대해 자주 물어보게 되는 계기가 되었다.

아이의 식습관을 점검하라

과연 부모들은 우리 아이들이 일주일에 얼마나 간편식을 먹고 있는지 알고 있을까? 얼마만큼 우리 아이들이 간편식에 노출되었는지 생각해본 적이 있을까?

나는 이런 식품들이 다 나쁘다는 것도 아니고, 아예 먹지 말라는 것도 아니다. 아이들이 좋아한다면 먹을 수 있는 식품들이다. 물론 나도 가끔 먹을 정도로 좋아하는 음식도 있다. 그렇지만 내가 말하고 싶은 것은, 이런 식품들에 대한 정확한 지식도 없는 아이들이 너무도 쉽게 식품 선택을 하게 되었다는 것이다.

어릴 적 건강 상태가 성인이 된 이후까지 많은 영향을 미침에도 불구하고, 현실적으로 부모 또한 아이가 밖에서 무엇을 얼만큼 먹고 다니는지 매일같이 체크하지 않는 경우에는 정확하게 알 수도 없다.

자라나는 아이들이 자극적인 음식을 찾는 것은 자연스러운 현상이다. 특히 청소년기가 되면 친구들과 편의점에서 어울리며 인스턴트식품을 사먹는 일은 무시하지 못할 중요한 또래 문화 중 하나이다. 따라서 이를 무작정 말릴 수만은 없다. 그러나 내 아이가 어떤 음식을 먹는지를 부모가 살펴볼 필요는 있다. 그리고 아이에게 적어도 최소한의 기준선은 마련해주는 게 좋다.

나 역시 길거리 음식이나 인스턴트 식품이 다 나쁘다고 말하는 것은 아니며, 절대로 먹지 말라고 하는 것도 아니다. 아이들이 좋아한다면 먹을 수 있는 식품들이다. 다만 보호자들은 이런 식품들에 대한 정확한 정보를 알고 아이들에게 이를 알려줄 필요는 있다. 그래야 내 아이가 성인이 된 이후에도 건강한 영양 상태를 유지할 수 있기 때문이다. 아이의 식습관을 점검할 수 있는 방법은 크게 세 가지로 나눌 수 있다.

첫째, 인스턴트식품 먹는 횟수를 정한다. 올바른 식습관을 위해서는 아이들이 좋아하는 식품을 무조건 먹지 말라고 해선 안 된다. 그보다는 아이와 마주 앉아 대화를 통해 주중에 먹는 횟수를 정한다거나 하는 게 좋다.

둘째, 주말에 외식을 하는 경우에는 다양한 음식을 접할 수 있도록 하면 좋다. 또 외식을 활용해 가족들에게 그동안 부족하기 쉬웠던 식품군을 보충하는 것도 좋다. 가족 간의 외식이 잦을 경우에는 식사 패턴이나 메뉴를 자주 바꿔서 늘 같은 것을 먹으러 가지 않는 것도 좋은 방법이 될 수 있다.

    셋째, 아이와 같이 메뉴를 정하고 식사 준비를 같이 한다. 외식 메뉴 선택 시에도 너무 자극적인 음식, 달거나 짠 음식은 가급적 피하는 것이 좋다. 아이와 식단 및 메뉴를 결정할 때도 다양한 식품을 골고루 선택하고, 가공식품보다는 제철에 나는 신선한 계절 식품을 이용하는 방법도 있다. 소아·청소년기에는 부모와 함께 식탁을 차린다거나, 식사 준비를 함께 돕도록 함으로써 대화를 통해 자연스럽게 잘 먹지 않았던 식재료에 관심을 갖게 하는 것도 좋은 방법이 될 수 있다.

우리 아이 몸에 맞는 좋은 식품이란?

우리는 언제부터 밀을 먹었을까?

서양인과 동양인은 체형 자체가 다르다. 과거부터 밀이 주식인 서양인과 쌀이 주식인 동양인의 소화·흡수 체계는 달랐을 것이다. 밀에 대한 서양인들의 소화·흡수력이 동양인보다 더 좋았거나, 서양인들의 밀에 대한 민감도가 동양인보다 낮았을 것이다.

우리 몸은 생각보다 적응에 강하다. 아마도 밀이라는 식품이 동양에 들어오면서부터 점점 동양인들의 몸에 적합하게 적응되어가고 있었을 것이다. 인간의 몸은 놀라워서, 환경의 변화에 맞게 진화하고 발달해왔다.

우리나라에는 인도와 중국을 거쳐 밀이 들어온 것으로 알려졌는데, 삼국시대에 이미 밀이 재배되었던 것으로 추정된다. 밀을 먹기 시작하면서 우리나라를 비롯한 인도와 중국 사람들은 밀을 소화하도록 몸이 적응해갔을 것이다. 단지 밀뿐 아니라 다른 서양의 식재료도 동양에 들어오면서 서서히 동양인들 몸에 적응되어 체형이 점점 서구화되어가고 있는 것이다. 체형이 변화될 만큼 하나의 식품이 우리 몸에 미치는 영향은 크다고 생각한다.

내 몸에 약이 되는 음식, 병이 되는 음식이 있다

그런가 하면 같은 식품이라도 체질에 따라 약이 되기도 하고 탈이 나기도 한다. 일례로 같은 달걀을 먹었을 때, 어떤 아이는 소화·흡수를 잘해서 몸에 필요한 영양이 되는 반면 어떤 아이는 소화·흡수가 잘되지 않을 수 있다. 또 다른 아이는 달걀을 먹으면 면역 체계에 이상이 생겨 두드러기와 같은 이상 반응이 올 수가 있다. 이렇게 하나의 식품을 먹더라도 아이마다 차이가 있다. 그만큼 건강에 좋은 식품일지라도 아이마다 받아들이는 정도가 다른 것이다.

TV나 각종 인터넷 매체를 보면 몸에 좋다는 식품과 관련된 광고들이 쏟아진다. 마치 만병통치약인 것처럼 광고를 한다. 하지만 한 가지 식품만 먹는다고 우리 몸은 좋아지지 않는다. 오히려 모르는 사이에 우리 몸은 그 반대가 되어가고 있다. 아무리 좋은 식품일지라도 그 식품만 계속해서 먹는다면 결코 건강해지지 않는다.

건강에 좋다는 광고만 보고 우리 아이에게 맞지 않는 식품을 주었다고 생각해보자. 어떤 식품은 먹자마자 효과를 볼 수도 있지만, 서서히 효과가 나타나는 식품도 있다. 먹자마자 효과가 나타나서 아이 몸에 면역반응 이상이 나타났다면 바로 중지하겠지만, 그렇지 않고 서서히 진행되어서 부지불식간에 우리 아이 몸이 망가질 수도 있는 것이다.

모든 식품에는 양면성이 있다

모든 식품에는 좋은 점이 있으면 부작용도 있다. 즉 양면성이 있는 것이다. 예를 들어 바나나는 우리 주변에서 쉽게 접할 수 있는 식품이다. 다이어트에도 좋고 공복에 먹게 되면 포만감을 주고 대중들에게도 건강식품으로 널리 알려져 있다.

또 영국 워릭대학교와 이탈리아 나폴리대학교 공동연구팀의 논문에 따르면 바나나에는 칼륨이 풍부해 뇌졸중 위험을 20% 정도 줄이는 효과가 있다고 한다. 연구팀은 "바나나 한 개에는 500mg의 칼륨이 포함되어 있다"면서 하루 세 번 바나나를 먹게 되면 뇌졸중 위험이 낮아질 수 있다고 했다. 칼륨은 뇌 속 피가 굳는 것을 막아줘 뇌졸중의 위험을 떨어뜨린다.

그러나 칼륨을 너무 많이 섭취했을 경우 불규칙적인 심장박동, 과민, 메스꺼움, 설사와 같은 부작용을 일으킬 수 있다고 한다. 바나나는 다른 식품에 비해 칼륨의 함유량이 높기 때문에 만성 신장 질환이 있는 경우에는 칼륨 배출에 어려움이 있을 수 있으며, 고칼륨혈증이 생길 수 있다. 우리 아이가 신장이 좋지 않은 경우에 지속적으로 바나나만 먹게 되면 문제가 발생할 수 있다는 것이다.

바나나의 경우 100g당 93kcal로 다른 과일에 비해 열량이 높은 편이다. 그렇지만 다이어트를 할 때 바나나를 먹는 이유는 칼로리와 탄수화물에 비해 지방이 거의 없고, 당질도 많기 때문에 포만감을 주기 때문이다. 한때 원푸드 다이어트인 바나나 다이어트가 유행하기도 하였다. 유행할 때는 몰랐겠지만, 지난 후 겪어보니 원푸드 다이어트는 우리 몸을 서서히 망가트리는 것이었다. 그 사실을 이제는 사람들이 많이 인식하고 있다. 하나의 식품만 먹게 되면 당연히 우리 몸에 영양 불균형이 와서 몸에 기운이 빠진다거나, 몸이 무거워져 생활하는 데 불편해질 수밖에 없다.

아이 몸에 맞는 식품을 찾으려면?

요즘 아이들은 본인이 먹고 싶어 하는 음식만 먹으려고 하는 경향이 높다. 본인이 좋아하는 식품인 치킨, 피자, 탄산음료, 과자 등을 먹고 싶어 하고, 그런 식품을 자주 접할 수 있는 환경에 놓여 있다. 하지만 모두가 알고 있듯이 아이가 원하는 식품만 접하게 되면 다양한 영양분의 섭취가 제한받게 된다.

그렇다면 어떻게 아이의 몸에 좋은 식품을 찾아줘야 할까? 내가 생각하는 좋은 식품이란 영양학적으로 우수하고 신선한 식품이다. 또한 가공되지 않은 신선한 식품으로 아이들에게 좋은 영양을 줄 수 있는 식품이다. 한쪽으로 치우친 식품이 아닌 다양한 식재료를 사용하여 만든 음식이어야 한다.

즉, 몸에 좋다고 하여 한 가지 식품만 계속해서 먹게 하는 것은 옳지 않다. 특별히 식품 알레르기를 가지고 있지 않는 이상, 다양한 식품을 골고루 먹게 하는 것이 곧 우리 아이의 영양을 챙기는 일이 될 것이다.

음식도 자주 접하면 친해진다

학교에서 영양사 일을 하면서 그동안 나물 무침이나 무장아찌, 양상추 샐러드 같은 음식을 먹고 싶다고 하는 아이들을 본 적이 거의 없다. '아이들이니까 당연히 싫어하겠지' 하고 생각하는 어른들이 많다. '어른들도 좋아하지 않는 음식인데, 아이들은 더 자주 접하지 않았기 때문에 그런 것이겠지'라고 생각한다. 그러나 이것은 반은 맞고 반은 틀린 생각이다.

학교급식을 진행하다 보면 오이를 싫어하는 아이들이 많다. 오이 향을 싫어하거나, 오이 씹는 식감을 싫어하는 아이들이 참 많다. 그런데 수육을 제공하는 날 상추쌈만 주지 않고 오이 스틱을 함께 제공해줬다. 처음에는 아이들이 잘 안 먹었다. 그중에 오이 스틱을 먹고 맛있다고 하는 아이들이 조금씩 생기기 시작했다. 그러더니 많은 아이들이 오이 스틱을 먹고 있는 게 아닌가?

다음에 또 수육을 하는 날 오이 스틱을 제공했을 때는 처음보다 더 자연스럽게 받아들였다. 자꾸 보게 되니 오이에 대한 거부 반응이 줄어들었고, 먹어보니 맛있다고 하면서 먹는 아이들이 생기기 시작했다.

이처럼 내 식탁에 자주 오르는 음식들이 당연해질 수도 있는 것이다. 내 아이에게 어떤 음식이 맞는지는 다양하게 시도해보고 먹여본 뒤에야 정확히 알 수 있다. 음식에 대한 거부반응이 있다면 다른 방식으로 천천히 아이가 익숙해지도록 해주자. 처음에 안 먹는다고 평생 안 먹는 경우는 그다지 없음을 명심하자.

편의점 간편식 먹여도 문제없을까?

점심 고민, 편의점 도시락으로 해결하다

학교급식을 진행할 때는 모르지만, 방학이 되면 나는 늘 점심 고민을 하게 된다. 아이들은 방학이 되면 좋겠지만, 나는 방학이 되면 고민이 한 가지 늘어나는 것이다. 방학이라도 나는 늘 출근을 해야 하기 때문이다. 교무실은 방학 때 돌아가면서 당직선생님이 나오시고, 행정실은 방학이랑 상관없이 학교에 출근해야 한다.

그동안 방학 때마다 점심을 해결하는 방법은 다양했다. 당직 선생님이 오셔서 점심을 사주실 때도 있었고, 돌아가면서 점심을 살 때도 있었다. 또 학교 근처 식당에 한 끼당 얼마씩 책정해서 점심을 해결한 적도 있었다. 그러면 그 식당에서 알아서 그 금액에 맞춰 메뉴를 바꿔가면서 점심을 먹을 수 있도록 했다. 그리고 그것도 질릴 때쯤 되면 근처 다른 식당에서 사먹기도 했다.

방학 때마다 점심으로 외부 식당을 이용하니, 식비가 생각보다 많이 나왔다. 그러다가 편의점 도시락이라는 신세계를 알게 되었다. 외부 식당을 이용하는 것에 비해 금액이 저렴해서 우연한 기회에 편의점 도시락을 한번 구매해봤다. 생각보다 맛이 괜찮았다. 전자레인지에 돌린 후 먹으니 따뜻한 밥과 반찬을 먹을 수 있었고, 구성 식단에 비해 칼로리가 생각보다 높지 않았다.

가격도 편의점 할인 카드로 오천 원 안쪽으로 살 수 있었다. 갑자기 '가성비 갑'이라는 생각이 들어서, 그날부터 힘들게 집에서 점심 도시락 준비를 하지 않았다. 왜냐하면 아침에 편의점에 들러서 도시락 하나만 사가지고 가면 끝이었다. 편리하고 좋았다. 도시락 종류도 많았기 때문에 메뉴별로 돌아가면서 먹을 수 있었다. 게다가 겨울철 국물이 필요할 때는 된장국, 북어국과 같은 제품을 추가로 구입하면 되었다.

편의점은 다양한 점심 뷔페였다

종류가 다양해서 편의점 도시락만 이용해도 한 달은 끄떡없었다. 편의점마다 도시락 구성이 달랐다. 나물 반찬이 많은 도시락이 있었고, 고기 좋아하는 사람들을 위한 고기 도시락도 있었다. 게다가 치킨 도시락, 돈가스 도시락 등 정말 종류가 많았다.

그리고 도시락에 질릴 때쯤엔 삼각김밥이나 김밥으로 메뉴를 바꿨다. 삼각김밥이나 김밥의 종류도 다양해서 선택의 폭이 넓었다. 그 외에도 삶은 달걀 같은 대체품도 있고, 생우동 라면, 순대볶음, 떡볶이 같은 종류도 있었다.

 이런 제품들에 질릴 때쯤 되면 컵밥에 컵라면도 잘 먹었다. 처음에는 컵밥이 그저 그랬는데, 컵밥도 브랜드별로 맛과 내용물의 차이가 있어서, 잘 선택하면 꽤 괜찮았다. 죽 종류도 다양해서 점심에 행정실 계장님이 어떤 브랜드의 죽을 사오신 적이 있는데, 의외로 죽이 무척 맛있었다. 그래서 나도 세일할 때 사서 집에 쟁여 놓게 되었다.

 그런데 어느 날 같이 근무했던 행정 실장님이 이런 나를 걱정하셨다. 영양사인데 방학 때마다 편의점 간편식만 먹어도 괜찮겠냐는 것이었다. 실장님이 보시기에 내가 너무 편의점 간편식 신봉자 같았나보다. 나는 열량 구성 면에서 다양한 종류의 간편식을 선택해 먹을 수 있어서 좋다고 했다. 그런데 실장님이 한 번 먹어보더니 의외로 짜다고 타박을 하시는 게 아닌가. 이미 편의점 도시락에 입맛이 길들여진 나는 짠맛도 잘 느끼지 못했던 것이다.

편리함을 얻은 대신 미각을 잃다

 편의점 간편식을 먹은 후 나의 문제는 개학이 되었을 때쯤 알게 되었다. 계속해서 먹었던 어느 순간 편의점 도시락을 먹으면 이상하게 속이 울렁울렁한 경우가 많았다. 그리고 이상한 냄새가 자꾸 나를 자극했다. 라면 스프도 아닌 것이, 인스턴트 용기를 돌리면 나는 냄새 같은 것이 내 후각을 자극했다.

그 냄새를 맡으면 도시락을 별로 먹고 싶지도 않고, 먹고 나면 배가 아픈 횟수가 늘었다. 속이 좋지 않은 점이 가장 컸던 것 같다. 일단 매일 점심을 편의점 도시락으로 계속해서 먹기도 했고, 때에 따라서는 저녁에도 편의점 도시락을 먹은 적도 많았을 때였다. 영양학적으로 볼 때는 괜찮은 도시락이었지만 점점 몸에서 이상 반응이 오기 시작했다. 그리고 가장 크게 느꼈던 것은 미각이다.

학교급식은 나트륨 저감화를 위해 염도계를 사용해서 국이나 찌개, 조림 등의 염도를 체크하여 제공을 한다. 특히 초등학교의 경우에는 좀 더 어린아이들이기 때문에 중고등학교보다 염도를 더 낮추고 있다. 편의점 간편식을 먹기 전에는 내 입이 마치 염도계처럼 미각을 잘 느꼈다. 급식실에서 함께 일하시는 분들이 놀랄 정도로 국물 한 모금만 마셔도 염도를 잘 맞췄다.

그런데 개학 이후 입맛이 변했는지 학교급식에 나오는 모든 음식이 다 싱겁고 간이 없는 것처럼 느껴졌다. 한동안 계속 학교급식이 맛이 없었다. 그때 생각해보니, 방학 동안 나트륨 과다 섭취로 인해 내 입맛이 짜게 길들여져 있었던 것이다.

아무래도 편의점 간편식은 유통을 생각하면 나트륨이 좀 들어가야 했을 것이다. 옛날 냉장고가 없던 시절에 음식 저장법이 소금에 절이는 염장법이나 설탕에 절이는 당장법이었으니, 편의점 간편식도 소위 말하는 '단짠단짠'이 돼야 저장 기간도 길어지고, 먹는 사람 입맛에도 자극적으로 맛이 좋았을 것이다.

편의점 간편식은 유통이나 식품의 변질에도 신경을 써야 했으니, 내가 알게 모르게 짠맛에 길들여질 수밖에 없었을 것이다.

건강에 적신호가 왔다

미각을 잃은 것 외에도 내게 일어난 변화는 혈압 상승이었다. 그 전에는 혈압이 항상 정상이었다. 그런데 한동안 짜게 먹는 식습관이 몸에 배서 그런지, 우연한 기회에 병원에 가서 혈압을 체크해 봤는데 고혈압 위험군으로 올라가 있었다.

내 몸의 변화를 직접 겪고 나서야 깨달았다. 그때 이후로 조금 번거롭지만, 도시락을 싸서 가져가거나 그렇지 못한 날에는 차라리 근처 분식점에서 김밥 한 줄을 사가게 되었다. 편의점에 들러서 김밥이나 햄버거, 도시락을 사서 가는 경우는 확실히 줄었다. 줄기도 했지만, 이제 쳐다보면 인스턴트식품 특유의 냄새가 생각나서 선뜻 손이 가지 않았다.

편의점 좋아하는 아이들, 어떻게 할까?

그렇다면 아이들에게 편의점 음식을 절대 먹지 말라고 해야 할까? 편의점과 떼려야 뗄 수 없는 존재가 된 아이들에게 이는 무리한 요구로 받아들여질 것이다.

나는 우리 아이들에게 편의점 간편식 한두 번 정도야 먹여도 문제는 없다고 생각한다. 문제는 지속적으로 먹게 되면 분명히 탈이

날 수 있다는 것을, 바보같이 내 몸을 실험 대상으로 해본 후에야 알게 되었다. 뭐든 적당한 것이 좋다. 가끔 때에 따라 바쁘니까 아이들에게 가성비 좋은 편의점 간편식을 사줄 수도 있다.

또 부모들이 보지 못할 때 우리 아이들이 용돈을 가지고 편의점 간편식을 사먹을 수도 있다. 그렇지만 그 횟수를 줄여야 한다고 생각한다. 편의점 간편식을 지속적으로 먹게 되면 결국 영양학적인 문제뿐 아니라, 다른 다양한 문제가 발생할 수 있기 때문이다.

일주일에 4회 이상 편의점 도시락을 먹고 있다면 횟수를 2회 이하로 줄이는 것이 좋다. 편의점에는 세척 사과, 바나나, 흰우유, 요거트, 삶은 달걀이나 훈제 메추리알과 같은 식품도 있다. 이런 식품을 적절히 활용하면 나머지 2회를 채울 수도 있다. 예를 들어 삼각김밥과 탄산음료에서 달걀과 흰 우유로 선택을 바꿀 수 있다. 아침에 편의점 컵라면 대신 편의점 세척 사과와 신선한 샌드위치를 먹는 것이 더 낫다.

우리 미각은 짠맛에 길들여지면 그보다 더 짠맛을 원하게 된다. 그래서 우리 아이들이 자꾸 짠맛에 노출되면, 미각뿐만 아니라 신장과 같은 우리 몸 속의 장기들이 서서히 망가지게 되는 것이다. 적당한 나트륨은 우리 몸에 체액 형성이나 다른 여러 가지 유지 측면에서 좋은 영향을 미치게 되지만, 너무 과한 나트륨은 서서히 우리 몸을 잠식시킨다는 것을 알아야 한다.

우유만 먹는 우리 아이 괜찮을까?

우유, 완전식품일까?

흔히 우유는 완전식품이라고 알고 있다. 완전식품이란 우리 건강에 필요한 대부분의 영양소를 갖고 있는 식품을 말한다. 별도로 요리를 만들 필요 없이, 그 식품이 가지고 있는 성분 자체만으로도 다양한 영양소를 섭취할 수 있기 때문이다. 우유에는 다양한 영양소가 들어 있기 때문에 우유를 먹으면 쉽고 편하게 영양분을 섭취할 수 있다. 그러나 완전식품에도 한두 가지 정도의 영양소가 빠져 있기 때문에 100% 완전식품이라는 것은 없다.

영양학자들이 말하는 완전식품이란 완전에 가까운 식품을 말한다. 어릴 적부터 우유만 마시는 아이들이 있다. 우유가 완전식품이라곤 하지만, 우유만 마시게 되면 문제가 발생할 수 있기 때문에 우리 아이 식습관이 어떤지 살펴볼 필요가 있다. 필요 이상으로 우유를 많이 먹고 있는지도 함께 살펴볼 필요가 있다.

과도한 우유 섭취는 식사량을 줄인다

생우유를 처음 접하는 시기는 보통 돌이 지난 후이다. 생우유라는 것은 시중에 흔히 우리가 흰 우유라고 알고 있는 제품이다. 돌이 되기 전에 아이에게 생우유를 주면 알레르기를 일으킬 확률이 높기에 아이들에게는 돌이 지나고 나서 우유를 주어야 한다. 그때부터 아이들은 우유 맛을 알게 된다.

우유를 좋아하는 아이들은 돌이 지나고 나서 꾸준히 우유를 먹는다. 간혹 우유를 너무 좋아해서 우유만 많이 먹고 다른 식품을 먹지 않는 경우도 있다. 눈을 뜨자마자 우유를 찾는 아이들도 있다. 하루에 적당량의 우유를 먹어야 함에도 우유만 먹겠다고 고집부리는 아이들이 있다.

우유를 마시는 것이 나쁜 행동은 아니다. 그렇지만 적당량의 우유를 마시는 것이 아니라 우유만 섭취하는 아이들은 결국 문제가 발생하게 된다. 우유가 완전식품이라고 알고 있기 때문에 우유만 마셔도 된다고 생각하는 부모들도 있다. 우유만 먹는 아이들을 보면 우유를 먹음으로써 위에 다른 음식이 들어갈 공간이 없게 되어, 제때에 식사를 하지 않게 되는 경우가 발생한다. 그래서 이유식 시기에도 제대로 된 이유식을 하기가 어렵다.

식사 전에 이미 우유를 섭취함으로써 식사를 거부하게 되는 상황이 발생하게 되기 때문이다. 이유식 시기뿐 아니라 아동기나 청소년기에도 마찬가지로 우유 섭취량이 많아지면, 위에 포만감을 느끼게 되어 상대적으로 식사량이 적어질 수밖에 없다. 또한 식사

후에 많은 우유를 섭취하게 되면, 우리 몸에 필요한 에너지 외에 남는 에너지를 지방으로 축적하기 때문에 살이 찔 가능성도 높아진다.

씹는 활동이 부족한 우유

요즘 아이들은 음식을 입에 넣고 씹는 것, 즉 저작 기능이 약하다고 한다. 어릴 적부터 부드러운 음식만 찾기 때문에 턱 근육 발달이 잘 되지 않는 경우가 많아졌기 때문이다. 우유는 액체이기 때문에 저작 활동을 하지 않게 된다. 일본에서는 수업 시간에 껌을 씹는 교육을 한다. 그만큼 씹는 활동이 중요하다는 뜻이다. 씹는 활동은 아이들의 집중력 향상과 두뇌 발달에도 매우 좋다. 운동선수들의 경우 경기 전에 껌을 씹는 경우가 있는데, 이것은 불안감이나 스트레스를 줄여주게 되어 심신의 안정을 도와주기 때문이다.

음식을 입에 넣고 씹는 활동은 음식물을 위에서 소화하기 좋게 잘게 자르는 역할을 하며, 영양소의 소화·흡수를 잘할 수 있도록 도와준다. 씹는 활동은 아이들 면역력 증진에도 도움을 주게 된다.

우유만 먹게 되면 씹는 능력도 저하되겠지만, 다양한 식품을 접할 기회도 놓치게 된다. 이유식을 할 시기에 다양한 식품을 접해야 편식 가능성을 낮출 수 있다. 여러 가지 식품의 질감을 느껴볼 시기에 경험을 하지 못하게 되면 그 이후에 식품을 받아들이기가 더 어려워질 수 있다.

식품 선택의 폭이 당연히 좁아질 수밖에 없으며, 그로 인해 섭취할 수 있는 영양 성분이 제한될 수 있다.

성조숙증 vs 키 성장

또한 우유에는 지방 성분이 있다. 어릴 적에 과도하게 지방을 많이 섭취하게 되면 성조숙증을 유발할 수 있다. 성조숙증이란 어린아이들이 성장기가 되기 전에 가슴이 발달하고 월경을 하게 되는 것이다. 초경을 빨리 시작하면 나중에 폐경도 일찍 올 수 있다. 남자아이들에게도 호르몬의 영향으로 여자아이처럼 유방이 발달되는 경우도 발생한다. 우유는 알레르기 유발 식품이기 때문에 알레르기가 없는 아이들도 너무 많이 마시게 되면 좋지 않다.

우유를 많이 마신다고 키가 커지지는 않는다. 키 성장은 어느 정도 유전적인 영향도 있고, 영양 상태나 성장 호르몬, 발육 상태 등 여러 가지를 고려해야 하기 때문이다. 우유 하나만 가지고 키가 클 수 있다고 장담할 수는 없다.

학교에서 같이 근무하는 직원 분에게 세 명의 아이가 있는데, 그중 첫째 아이가 우유 1,000ml를 한 번에 다 마셔버린다고 했다. 첫째 아이만 유독 어릴 적부터 우유를 좋아하기도 했고, 잘 먹기도 해서 늘 우유가 떨어지지 않도록 사다 놓는다는 것이다. 아이들 중에 가장 키가 클 것이라고 예상했지만, 오히려 둘째와 셋째 아이가 키가 더 크다고 했다.

우유의 다양한 종류

우유는 생각보다 종류가 다양하다. 우리가 일반적으로 사먹는 우유는 우리 몸에 해로운 미생물을 없애기 위해 살균 처리 과정을 거친 우유이다. 우유를 구매할 때 우유 제품 표시를 보면 살균 제품이라고 쓰여져 있다. 우유 살균법은 여러 가지가 있는데, 대체로 130℃에서 2초간 살균하는 초고온 살균법을 가장 많이 사용한다. 이 살균법은 단백질이 일부 파괴된다. 하지만 보관을 오래 할 수 있으며, 제조 비용이 적게 드는 장점이 있다.

저온 살균법은 63~65℃에서 30분간 살균하는 방법인데, 이것은 단백질 변성을 줄여주고 유산균을 살아있게 해준다. 그렇지만, 원유를 만들기 전 상태부터 깨끗하게 관리해야 하기 때문에 제조 비용이 많이 들며, 보관을 오래 할 수 없다는 단점이 있다. 보관을 오래 하기 위한 멸균우유도 있는데, 멸균이란 말 그대로 균을 다 없앴다는 뜻이다. 거의 모든 미생물을 제거하였기 때문에 상온에서도 오랫동안 보관할 수 있지만, 우유에 있는 좋은 균까지 모두 사멸된 우유이다.

고칼슘우유, 저지방우유, 무지방우유 등 우유에 특정 영양소를 첨가한 우유도 있고, 불필요한 영양소를 제거한 우유도 있다. 저지방이나 무지방의 경우 지방을 빼서 고소한 맛이 떨어지기 때문에 고소한 맛을 더하면서도 지방 함량을 낮춘 우유도 있다.

바나나우유, 딸기우유, 초코우유처럼 색이 들어간 가공우유도 있다. 가공우유는 원유에 시럽이나 액상과당, 합성착향료와 같은 첨가제를 넣은 우유이기 때문에 아이들이 많이 먹지 않는 것이 좋다. 가공우유를 구매할 때는 우유 원재료명과 함량 표시를 확인하여 원유 함량이 높은 제품을 선택하는 것이 좋다.

얼마 전에 우유를 구매할 때 새로운 우유가 있어서 무심코 집어 뒷면의 원유 함량을 본 적이 있는데, 나는 그때 깜짝 놀랐다. 그동안 마셨던 우유는 원유가 100%인 우유였는데, 그 제품은 원유가 15%, 탈지분유가 나머지를 차지하고 있었다. 우유를 사먹을 때는 보통 원유 100%라고 생각하고 구매하게 되는데, 우유라고 쓰여 있어도 다 같은 성분의 우유가 아니었다. 그러므로 직접 우유를 구매할 때는 좀 더 꼼꼼히 따진 후 꼭 제품 성분 및 함량을 확인하고 구매하는 것이 좋다.

우유만 먹는 아이 vs 우유를 먹지 않는 아이

우유만 먹는 아이는 우유 먹는 양을 서서히 줄이면서 다른 식품을 섭취할 수 있도록 유도해야 한다. 식사와 식사 사이 간식으로 우유를 섭취할 수 있도록 해야 하며, 가급적 하루 권장량을 초과해서 섭취하지 않도록 해야 한다.

그러나 반대로 우유를 전혀 먹지 않는 아이의 경우, 우유를 대체할 수 있는 대체식품들이 많기 때문에 대체식품을 섭취할 수 있도록 하면 된다. 유당불내증(유당을 소화하지 못하는 증상)이 있는 경우나, 우유 알레르기가 있는 아이들의 경우도 우유 대체식품으로 섭취를 하면 된다. 우유의 대체식품으로 치즈, 멸치, 두유 등을 활용하면 된다. 우유뿐 아니라 우유 대체식품도 먹지 않는 아이라도 걱정하지 말고 다른 식품으로 단백질, 칼슘 및 다른 여러 가지 영양소를 보충할 수 있도록 해주면 된다.

과일과 견과류는 달라는 대로 줘도 될까?

이유식 때 과일 맛에 길들여진 아이들

이유식을 하는 시기에 유독 과일만 찾는 아이들이 있다. 초기 이유식 시기에 과일즙을 먹었을 때의 맛을 기억해서 과일만 먹게 되는 경우가 종종 있다. 이런 아이들의 경우 단맛과 신맛을 좋아해서 밥이나 반찬 같은 다른 음식을 먹으려고 하지 않는다. 부모들 중에는 과일은 자연식품이기 때문에 많이 먹어도 된다고 생각하여 아이들이 원하는 대로 주는 경우가 있다.

그러다가 점점 자라면서도 과일만 찾게 되는 경우가 생긴다. 과일을 좋아해서 밥은 먹지 않고 냉장고로 달려가서 과일만 달라고 우는 아이들도 있다. 그러나 과일도 지나치면 아이들뿐 아니라 어른들에게도 좋지 않다.

과일의 성분 및 효능

　과일은 종류도 다양하고, 종류에 따라 각기 다른 영양성분을 함유하고 있다. 수분이 많은 과일, 섬유질이 많은 과일 등 여러 과일이 있고, 과일의 대부분은 무기질, 비타민과 같은 영양소를 갖고 있다. 섬유질이 많은 과일을 먹으면 변비에 도움을 줄 수 있다. 수분이 많은 과일을 먹게 되면 갈증 해소에 도움을 주고, 이뇨작용을 촉진시키며, 우리 몸속의 노폐물 배출에도 효과가 있다. 과일에는 비타민과 무기질이 풍부하여 면역력 증진에도 도움을 준다.

　대학원 수업 시간에 사과의 효능을 알아보기 위해 실험을 한 적이 있다. 그날 수업에 참여한 학생들을 두 개의 그룹으로 나눈 후, 한 개의 그룹은 사과의 속살만 먹게 하였고, 다른 그룹은 사과의 껍질까지 모두 먹게 하였다. 사과를 먹기 전 모두의 혈당을 체크하여 기록하였고, 먹은 후 30분 단위로 혈당을 체크했다.

　사과의 껍질을 먹은 그룹은 혈당이 올라가는 수치의 변화 폭이 크지 않았고, 혈당도 정상에 가까워진다는 결과가 나왔다. 반대로 사과의 속살만 먹은 경우에는 30분쯤 혈당이 급격히 상승하였고, 혈당이 정상으로 내려올 때도 급격히 내려왔다.

　이 실험을 통해 사과 껍질이 혈당에 어떠한 영향을 미치는지 알아볼 수 있었다. 사과 껍질에 있는 '펙틴' 성분이 혈당을 조절해준다고 생각할 수 있다. 과일의 다양한 영양 성분이 우리 몸에 도움을 주는 경우가 많다.

과일의 부작용과 올바른 섭취를 위한 조언

그러나 대체로 과일은 채소보다 당 성분이 많다. 당도가 높은 과일은 지방으로 발전될 가능성이 높다. 당이 많은 과일을 섭취하면 충치도 유발할 수 있다. 멜론, 참외, 복숭아와 같은 과일은 만지거나 섭취하였을 때 입술 주변에 두드러기가 난다거나, 가렵거나 하는 식품 알레르기도 유발한다. 당뇨 환자의 경우 당이 높은 과일을 많이 섭취하게 되면 혈당을 높일 수 있기 때문에 주의해야 한다.

저녁에 섭취하는 과일의 경우 과일에 있는 당질이 몸에 저장돼서 비만이 되기도 한다. 심장이 좋지 않은 경우에는 칼륨 함량이 많은 과일인 바나나, 오렌지, 수박과 같은 과일을 많이 섭취해서는 안 된다. 신장 질환이 있는 경우에도 칼륨이나 나트륨을 배설하는 능력이 떨어져 있기 때문에 칼륨이 풍부한 과일의 섭취를 제한해야 한다.

천연식품이기 때문에 과일은 많이 먹어도 된다고 생각할 수 있지만, 결코 그렇지 않다. 앞에서 말한 과일의 부작용처럼 과일도 지나치면 독이 되기 때문에 섭취 시 적당한 양을 알고, 지나치게 많이 섭취하지 않도록 주의해야 한다. 과일을 많이 먹는 아이들의 경우에는 과일의 섭취를 점점 줄이면서 다른 식품의 섭취를 늘리는 것이 중요하다. 비만 아동의 경우 과일을 껍질째 먹을 수 있도록 지도해주면 좋다. 과일의 1회 섭취 기준량은 과일의 종류에 따라 조금씩 다르겠지만, 보통 100~150g 정도라고 생각하면 된다.

견과류만 먹는 아이 vs 견과류를 먹지 않는 아이

우유만 먹는 아이나 과일만 먹는 아이처럼, 견과류만 먹는 아이도 있다. 혹은 견과류는 아예 쳐다보지도 않는 아이도 있다.

견과류에는 호두, 아몬드, 땅콩, 잣, 캐슈너트, 헤이즐넛 등 다양한 종류가 있다. 견과류에는 필수지방산이 많이 함유되어 있다. 필수지방산은 아이들의 두뇌활동에 좋은 영향을 미치며, 기억력과 집중력을 높이는 데 도움을 준다. 어릴 적에 호두가 사람의 뇌를 닮았다며, 호두를 먹으면 머리가 좋아진다고 엄마가 말씀하셨던 기억이 난다.

견과류는 지방이 많아 조금만 먹어도 포만감을 느끼게 되기 때문에 비만아의 경우 과식도 예방할 수 있다. 견과류는 심혈관 건강에 매우 좋은 역할을 한다. 또한 혈관을 깨끗하게 하는 작용을 하며 성인병을 예방할 수 있다.

견과류의 부작용과 올바른 섭취를 위한 조언

하지만 견과류는 높은 열량으로 지나치게 많이 먹게 되면 오히려 살이 찔 수 있다. 과다하게 섭취한 견과류는 복부팽만, 설사를 유발할 수 있다. 또한 견과류도 우유와 마찬가지로 알레르기 유발 식품이기 때문에 알레르기가 있는 사람의 경우 호흡곤란, 두드러기, 구토 등의 여러 가지 증상이 나타날 수 있다.

우리 아이가 올바르게 견과류를 섭취하기 위해서는 하루 정해진 견과류 섭취량을 지켜야 한다. 너무 많이 먹는 아이의 경우 섭취량을 줄일 수 있는 노력을 기울여야 한다. 다른 식품에 흥미를 느낄 수 있도록 하면서 서서히 섭취량을 줄이는 것이 좋다.

견과류를 전혀 먹지 않는 아이의 경우는 아이가 좋아하는 음식에 섞어서 먹이는 등 견과류를 노출시켜주는 노력이 필요하다. 견과류를 가루로 내서 동그랑땡을 만들 때 섞는다거나, 나물을 무칠 때 고소한 맛을 위해 뿌린다거나, 요구르트에 섞어 먹어보면서 견과류의 맛을 조금씩 알아갈 수 있도록 자연스럽게 노출시키는 노력이 필요하다.

참고로 하루 견과류 권장량은 25~30g 사이인데, 이것은 우리 밥숟가락(10g) 기준으로 2~3숟가락 정도의 양이다. 반으로 잘라진 호두의 경우 12~14알 정도, 아몬드의 경우 24개 정도 되는 양이다. 견과류를 많이 구매하여 상온에 오래 보관하게 되면 '아플라톡신'이라는 독성 물질을 생성하기 때문에, 적당량만을 구입해서 냉장 보관하여 섭취하는 것이 좋다.

혹시 우리 아이도 미각 중독일까

학교에서의 미각 테스트

학교의 3월은 입학의 달이다. 새로 1학년 아이들이 들어오고, 다들 한 학년씩 올라가니 학교에서는 다른 때보다 3월이 매우 바쁘다. 나도 마찬가지이다. 3월 학교급식을 진행하기 전에 알레르기 학생들 조사부터 3월 제철 식단 작성까지 할 것이 많다.

그래도 그중에서 빼먹지 않고 새 학기마다 늘 하는 것이 바로 자체 HACCP(해썹) 회의 시간에 하는 '교직원 블라인드 국 염도 미각 테스트'이다. 신입생도 있고, 또 긴 겨울 방학 동안 아이들의 달라진 미각에도 신경을 써야 하기 때문이다. 새로 바뀐 교직원들도 많기 때문에 학기 초 염도가 매우 중요하다. 그래서 교직원들과 회의 시 미리 만들어놓은 콩나물국을 준비하여 염도 테스트를 한다.

보통 물에 소금만 넣고 하면 소금물 맛만 나게 되고, 된장이나 다른 것을 너무 진하게 풀게 되면 시음 시에 염도 체크하기가 혼란

스러울 수 있기 때문에 맑은 콩나물국으로 미각 테스트를 해본다. 대체로 콩나물국의 염도를 염도계로 측정할 때 0.5부터 시작하여 0.6, 0.7까지 세 가지 정도를 종이컵에 준비한다. 그 후 염도를 모르는 교직원들에게 각각 맛을 보게 했을 때 선호도가 높은 염도를 체크해본다.

결과적으로 보면 우리 학교 대부분의 선생님들은 0.6이면 괜찮다고 하시고, 0.7이면 맛있다고 느끼시는 편이다. 0.5를 제공하였을 때는 좀 싱겁다고 하는 편이다. 대부분 외부 음식점에서 맛있다고 느끼는 염도는 0.9 이상이 많다. 염도 테스트를 0.9까지 할 수도 있지만, 그렇게 되면 우리 입맛에 0.9가 가장 맛있다고 해버리기 쉽다.

초등학교에서부터 너무 높은 염도를 제공하면 중고등학교에서는 더 높은 염도를 제공해야 할 수밖에 없다. 그래서 가급적 초등학교 염도는 0.5에 맞추려고 노력하는 편이다. 국만 먹는 게 아니고 다른 반찬들도 함께 섭취를 하기 때문에 가급적 0.5에 국 염도를 맞춰서 유치원이나 저학년 아이들에게 제공하고, 국을 계속 끓이면 염도가 살짝 올라가기 때문에 그 후에는 고학년 아이들에게 제공하면 국의 간이 딱 맞춰지게 된다.

집에서 할 수 있는 미각 테스트

학교에서는 이렇게 염도로 미각 테스트를 진행한 후에 급식을 제공한다. 그래야 나중에도 국의 간에 대해 문제가 발생하지 않게 된다. 아이들에게도 항상 국 염도 공지를 하는데, 때에 따라서 찌개의 경우는 0.5 이상으로 제공한다. 그럴 수밖에 없는 것이, 찌개의 경우는 소금을 넣지 않아도 찌개에 넣는 속재료인 김치나 고추장, 된장으로 인해 이미 일정 부분 염도가 나오기 때문이다.

혹시라도 가정에서 아이 미각 테스트를 하고 싶다면, 학교처럼 해보면 된다. 집에는 염도계가 없는 경우가 많기 때문에, 보통 물 3L로 콩나물국을 끓여서 1L로 세 개를 나눈 후, 각각에 작은 스푼으로 소금을 한 스푼, 두 스푼, 세 스푼 정도로 넣어 아이가 맛있다고 느끼는 간으로 소금의 양을 찾아보면 된다.

미각 중독에 걸린 우리 아이들

이 실험을 해보면 대부분의 부모들은 아이 미각에 대해 깜짝 놀라게 된다. 아이가 소금의 맛을 느끼는 양이 1L당 작은 스푼으로 네다섯 스푼 정도가 되어야 간이 있다고 느끼기 때문이다. 이렇듯 요즘 대부분의 아이들이 이미 미각 중독 상태일 확률이 높다.

세계보건기구(WHO)의 하루 나트륨 섭취 권장량은 2,000mg으로, 소금으로 환산할 경우 5g에 해당한다. 이것은 티스푼으로 한 스푼, 밥숟가락으로 반 스푼 정도 되는 양이다. 하루에 티스푼으로 한 스푼의 소금을 섭취하는 것이 권장량인데, 이미 우리 아이들은 너무 많은 나트륨에 노출되어 있다.

혹시라도 집에서 미각 테스트를 해봤을 때 아이가 작은 스푼으로 세 스푼 이상의 짠맛에 길들여져 있다면 아이의 미각을 되살리기 위한 미각 지도를 해야 한다.

짠맛에 길들여진 아이들은 그동안 학교급식이 싱거우며 맛없다고 느꼈을 수도 있다. 보통 싱거우면 맛이 없다고 느끼게 된다. 그래서 더 편의점 간편식이나 자극적인 음식이 맛있다고 생각했을 것이다. 나이를 먹으면 먹을수록 미각을 잃거나 짠맛에 길들여져서 점점 더 짜야 음식 맛을 느낄 수 있듯이, 어느샌가 우리 아이들도 짠맛을 모를 정도로 미각을 잃거나 짠맛에 길들여졌을 수도 있다. 처음에는 매운맛을 잘 먹지 못하던 아이들이 점점 매운맛 소스를 찾는 것도 그런 이유에서이다.

이미 짠맛에 길들여진 아이라면

아이가 단맛·짠맛에 너무 지나치게 집착한다면 단순한 식욕을 벗어나 이미 미각 중독일 수 있다. 미각 중독이란 우리 몸이 단맛이나 짠맛 등 특정한 맛이나 음식을 먹고 기분이 좋아졌던 느낌을 기억했다가 그 맛만 고집하는 상태를 말한다. 이미 지나치게 특정한 맛에 길들여지면 더 강한 자극을 요구하고 집착하게 된다. 어느 순간부터는 특정한 음식만 찾는 중독이 되는 것이다. 이러한 미각 중독은 아이에게 비만이나 고혈압 등 각종 질병을 유발할 수 있기 때문에 문제가 되는 것이다.

미각 테스트 결과 아이가 매우 짠맛을 선호하고, 이미 미각 중독 상태라는 결과가 나왔다 하더라도 좌절할 필요는 없다. 그동안 길들여졌던 미각을 다시 찾아오면 된다. 나도 처음 미각 테스트를 해보고 생각과 다른 결과에 많은 충격을 받은 기억이 난다. 그렇지만 미각을 되돌리는 방법을 통해 다시 미각을 찾을 수 있었다.

미각을 되찾는 방법

미각을 되찾아오는 방법은 복잡하지 않다. 우리 미각은 2주 정도 무염식을 하게 되면 그 식단에 적응하게 되어 있다. 아무런 간을 하지 않고 먹는 것을 무염식이라고 하는데, 최소 열흘이면 미각이 적응을 한다고 생각하면 된다. 어른들이야 2주 정도 꾹 참고 무염식을 할 수 있다 해도 아이들에게 2주 동안 무염식을 하라고 하면, 아마 견디지 못하는 아이들이 상당할 것이다.

심각한 미각 중독이거나 짠맛 중독일 경우에야 치료를 위해 무염식을 진행할 수도 있지만, 그렇지 않은 경우는 굳이 무염식으로 2주를 먹일 필요는 없다. 무염식으로 미각을 되살리는 것이 가장 좋은 방법이지만 아이들에게 진행하는 것은 어렵기 때문에 대부분의 경우 기존에 먹는 짠맛·단맛의 양을 조절해서 낮추는 저염식으로 2주 정도 진행하면 된다.

기존에 하던 조리법에서 살짝 바꾸기만 해도 쉽게 저염식을 진행할 수 있다. 예컨대 조리 시 소금을 맨 나중에 넣어서 간을 심심하게 맞추거나, 고기의 경우도 그냥 조리한 후 소금을 살짝 찍어 먹는 것이다. 그러면 소금의 맛이 먼저 혀에 닿기 때문에 짠맛을 느끼면서 식사하는 데 거부감을 덜 느끼게 된다.

또한 조리 시 소금이나 간장 대신 후추, 허브나 맵지 않은 고추와 같은 식재료로 음식의 맛을 내는 방법도 있다. 젓갈이나 염장식품처럼 짠 음식은 가급적 식탁에 올리지 말아야 한다. 찌개나 국도 국물보다 건더기 위주로 먹으면 나트륨 섭취를 줄일 수 있다. 이렇게 점점 염도를 낮추면서 2주 정도 진행한 후에 다시 짜거나 달게 만든 음식을 먹게 해보면 확실히 입맛이 변한 것을 알 수 있다. 맛의 자극도 달라져 있을 것이다.

되찾은 미각은 이렇게 유지한다

이렇게 다시 되찾은 미각을 또다시 잃지 않기 위해서는 유지하는 게 중요하다. 미각의 유지를 위해 식사의 순서를 바꾸는 것이 도움이 될 수 있다.

식사할 때 섬유질이 많은 채소를 먼저 먹고 30번 이상 씹어서 재료 본연의 맛을 느낄 수 있어야 한다. 예를 들어 짠 음식을 먼저 먹고, 샐러드나 다른 반찬을 먹으면 싱겁게 느껴질 수 있기 때문이다. 또한 단맛 중독이라면 당 함량이 적은 식품이나, 고구마나 단호박 같은 자연식품 위주의 간식으로 바꿔보는 것도 좋다. 또한 식사 후 바로 양치를 하는 습관도 많은 도움이 될 수 있다.

거식증, 폭식증, 마구먹기장애
바로 알기

설마 우리 아이는 아니겠지?

현대인의 식생활은 영양 결핍보다는 영양 과잉 또는 가공식품의 빈번한 섭취와 불규칙한 식사로 인한 영양 불균형이 문제가 되고 있다. 게다가 요즘 세상은 사회구조의 변화와 더불어 지나친 외모지상주의로 인해 TV에 나오는 연예인들처럼 마른 사람들이 각광을 받고 있다. 외모지상주의로 인해 우리 아이들은 무분별한 체중 조절, 부적절한 다이어트를 하고 있다.

그 결과 영양 섭취 부족에 따라 건강을 잃을 위기에 처하며 여러 가지 섭식장애를 겪고 있다. '설마 우리 아이는 아니겠지'라고 생각할 수 있지만, 실상은 그렇지 않을 수 있다. 12~18세에 가장 많이 나타나는 대표적인 섭식장애 몇 가지를 소개하고자 한다.

음식을 거부하는 거식증

식욕 조절이 안되는 대표적인 섭식장애 중 하나는 '신경성 식욕부진증(anorexia nervosa)'이며, 흔히 거식증이라고 부른다. 거식증은 음식을 거부하는 행동장애이다. 즉, 본인이 비만하다고 생각하여 날씬한 몸매를 추구하는 정도가 극에 달하며, 극도로 수척해질 때까지 굶는 심리적 장애이다. 실제로 날씬함에도 본인만 뚱뚱하다고 생각하며 본인의 행동이 비정상적인 것을 부정하게 된다.

이런 경우에는 체지방의 감소와 기초대사량의 감소로 인해 철결핍성 빈혈, 백혈구 수 감소로 인한 면역 체계 이상, 탈모, 변비, 월경 중단과 같은 신체적 이상 증상을 보이게 된다. 심한 경우에는 열량 섭취를 증가시켜 기초대사량을 유지할 수 있도록 음식치료를 해야 하는데, 음식치료만 가지고는 치료가 어렵기 때문에 심리치료 등 정신적인 치료도 병행을 해야 한다.

거식증은 대부분 2차 성징이 나타나는 초등 고학년부터 중고등학생 때 많이 나타나게 되는데, 문제는 이 경우 본인들이 정신적 문제가 없다고 생각하여 치료를 위한 정신과적인 상담이 어렵다는 것이다. 과거 TV에서 봤던 내용 중에 몸이 정말 말랐고 하루에 한 끼밖에 먹지 않는데도 그 한 끼를 먹자마자 바로 화장실로 달려가서 토하는 사람을 본 적이 있다. 그 사람의 인터뷰를 들어봤는데, 우리가 봤을 때 너무나 말랐는데도 본인은 뺄 살이 아직도 많다고 생각하였다. 그때 거식증 환자를 보면서 굉장히 충격을 받았던 기억이 난다.

먹고 토하는 폭식증

식욕 조절과 관련된 섭식장애의 또 다른 형태는, '신경성 탐식증(bulimia nervosa)'이라고도 불리는 폭식증이다. 이 경우는 폭식과 고의로 장을 비우는 행동을 교대로 반복하는 증상을 말한다. 보통 초등 고학년부터 중고등학교 여학생들에게 많이 나타난다. 인위적으로 손가락을 넣어 구토를 하거나, 약물을 사용하여 설사를 유발시키기도 하고, 과다한 운동을 하기도 하는 것이다.

남몰래 실컷 음식을 먹을 때도 많고, 폭식하고 굶기를 반복하여 체중의 변화 폭도 크다. 폭식과 굶기를 반복적으로 하다 보면 우리 몸은 생리적·생화학적 균형이 교란되게 된다. 계속되는 구토로 인해 식도와 위에 문제가 생기게 되고, 위에서 나온 산성 물질로 인해 입, 치아, 식도, 후두의 점막을 부식시킨다.

이런 경우에는 아이들이 자신의 행동이 비정상적임을 인지하며, 폭식한 후에 스스로 자책하면서 우울해지고, 그래서 폭식한 후에 장 비우기를 비밀리에 하게 된다.

먹고 또 먹게 되는 마구먹기장애

식욕조절장애의 또 다른 하나인 마구먹기장애는 다이어트에 실패한 경험이 많은 비만인들에게 생기는 경우가 많다. 즉 비만 아동이나 성인 여자들 중에 다이어트에 실패한 사람들에게 많이 나타나는 식욕조절장애이다.

우리 학교에 중국인 엄마를 둔 남자아이가 있었다. 처음에는 좀 통통하다 싶었는데, 학년이 올라가는 동안 계속해서 살이 찌기만 했다. 아이의 행동을 보니, 일단 절대로 뛰지를 않았다. 음식을 씹어서 삼키지도 않고, 행동 자체도 매우 느렸다.

본인이 살이 찐 것을 알기 때문에 다이어트를 하고 싶어 해서 그런지, 급식을 받을 때 친구들 앞에서는 늘 조금씩만 받아 가려고 했다. 다이어트를 위해 굶어보기도 하고, 한 가지 음식만 먹어보기도 했지만, 결국 요요현상으로 살이 점점 더 찌기만 했다. 배가 고프지 않아도 때가 되거나 주변에 간식이 있으면 또 먹고 있었다. 이 경우에는 정말 식습관 상담이 꼭 필요한 경우였다.

마구먹기장애를 겪는 사람의 경우, 한 가지 다이어트 방법을 실패한 후 다른 다이어트 방법으로 계속 옮겨가게 된다. 체중이 많이 나갈 때는 남들 앞에서는 적게 먹고 사람들이 없을 때는 한꺼번에 너무 많은 음식을 먹으면서 배가 고프지 않아도 많은 양의 음식을 계속해서 먹는다.

또한 일단 먹기 시작하면 폭식을 통제할 수는 없고, 폭식 후에는 자책감과 우울증에 빠지게 된다. 그렇지만 폭식증과 다르게 구토를 하지는 않는다. 이런 경우에는 생리적으로 배고플 때만 먹도록 학습을 하는 게 치료 방법일 수 있다.

잘 먹어야 잘 산다

거식증의 경우 결국 음식을 이물질로 받아들여 우리 몸에서 음식의 소화·흡수가 되지 않게 되며, 폭식증의 경우 잦은 구토로 인해 위나 식도가 헐게 되어 위염, 위궤양을 겪게 될 수 있다. 마구먹기장애는 계속해서 위가 커져 나중에는 위 절제 수술이 필요할 수도 있다.

앞에서 말한 여러 가지 식욕조절장애를 예방하기 위해서는, 사람마다 체중과 체형이 다름을 아이들에게 인식시켜야만 한다. 가정에서는 혹시 우리 아이가 식욕조절장애가 아닌지 잘 살펴볼 필요가 있다. 또한 아이들에게 대중매체가 강요하는 잘못된 미의 기준을 바로잡고 건강한 신체에 대한 기준을 세워주어야 한다.

섭식장애로 인한 불균형적인 신체발달에 대해서는 우리 사회가 전반적으로 좀 더 경각심을 가져야 할 필요성이 있다. 잘못된 음식 섭취로 인해 위나 식도와 같은 내장기관이 잘못될 수 있고, 바른 신체 성장을 기대할 수 없게 되기 때문이다. 규칙적인 신체활동을 유지할 수 있도록 학교와 가정에서 영양 관리와 건강한 식사에 대한 중요성을 알려줘야 한다.

2차 성징이 되는 사춘기에 일어나는 정상적인 신체 변화와 더불어 영양의 중요성, 정상 체중을 유지하는 것의 중요성도 함께 알려줄 필요가 있다. 특히 무분별하고 부적절한 다이어트에 대한 잘못된 지식을 바로잡아줄 필요성이 있다. 혹시라도 아이에게 식욕조절장애의 기미가 보인다면 가족들은 더욱 관심을 기울여 아이를 살펴보고, 이 증상이 심해질 경우 전문가를 찾아가 상담 치료를 병행해야만 한다.

건강한 삶, 면역력이 높은 삶, 성공하는 삶을 살기 위해서는 기초체력을 잘 다져야 한다. 올바른 식품을 선택하여 골고루 먹고 잘 소화시키는 것이 먹는 것의 전부임을 아이들에게 아무리 강조해도 지나치지 않다.

시기별 체크포인트를 확인하자

밖에서는? 가정에서는?

우리 아이가 어린이집부터 시작하여 고등학교를 졸업할 때까지 평일 최소 하루 한 끼 이상을 단체 급식에 의존한다고 가정하면, 대략 4,680끼를 밖에서 먹고 있다. 4,680끼를 365일로 나누면 12.8이 나온다. 결국 12년이 넘는 기간 동안 우리 아이들이 단체 급식에 의존하고 있는 것이 최근 현실이다.

어린이집, 유치원, 학교와 같은 단체생활을 하는 곳의 급식소에는 영양사가 있다. 그렇기 때문에 각각의 연령별에 맞는 필요한 에너지를 산출하여, 그에 맞는 식재료별 조리법으로 다양한 식단을 제공하고 있다. 학교나 단체 급식소에서 제공하는 한 끼는 영양이 골고루 들어 있는 건강한 식사라고 생각할 수 있다.

밖에서 먹는 하루 한 끼 외에 가정에서도 우리 아이에게 다양한 식단을 제공하고 있는지 생각해봐야 할 필요성이 있다. 부모에게 영양학적인 전문성을 기대하는 것은 아니지만, 적어도 우리 아이에게 주는 음식에 문제가 있는지 한번 살펴볼 필요성이 있다.

가정에서는 부모의 영양학적 지식이나 조리 실력에 따라 아이들의 영양이 결정된다고 해도 과언이 아니다. 음식을 잘하는 부모 아래서 자란 아이와 음식을 잘하지 못하는 부모 아래서 자란 아이는 식습관 자체가 다를 수밖에 없다. 음식을 잘하는 부모는 다양한 식재료로 여러 가지 음식을 제공할 수 있는 확률이 높지만, 음식을 잘하지 못하는 부모는 그나마 할 줄 아는 요리로 식사를 해결하게 되기 때문이다. 그렇기 때문에 우리 집에서는 아이에게 무엇을 어떻게 먹이고 있는지 체크를 해봐야 한다.

우리 아이들 무엇을 먹고 있을까?
영·유아 시기

보통 영·유아 시기에는 아직 부모의 손길이 필요하기 때문에 대부분의 가정에서는 아이들에게 많은 집중을 한다. 이유식 시기의 영·유아가 있는 가정의 부모는 이유식과 관련된 책이나 자료를 찾아 아이들에게 음식을 제공한다.

요즘에는 굳이 책을 구입하지 않고 쉽게 인터넷 검색을 통해 이유식을 만들어주는 부모들도 있다. 맞벌이 부부들의 경우 이유식을 전문적으로 만들어 파는 업체에서 구매해서 아이들에게 제공해주는 경우도 있다. 시중에 다양한 이유식 상품들이 있기 때문에 필요에 의해 어렵지 않게 이유식을 구매할 수 있다.

어린이집 또는 유치원 시기

어린이집이나 유치원에 다니게 되는 시기부터 부모가 아이의 식습관에 얼마나 관심이 있는지에 따라 아이들은 조금씩 나뉘기 시작한다. 이때 형성된 식습관이 매우 중요하다. 식습관이 좋게 형성된 아이의 경우 신체 성장 및 영양이나 발육 상태가 좋고 그로 인해 사회성 발달에 긍정적인 영향을 미치게 된다.

반대로 식습관이 좋지 않은 아이들은 이때부터 건강상에 문제가 발생하기 시작한다. 아이는 부모를 보면서 성장한다. 부모가 가지고 있는 식습관이 아이들에게도 영향을 미치게 된다. 우리 아이가 어린이집이나 유치원에 다닐 때 내가 가장 중요하게 생각했던 건, 결식을 하지 않게 하는 것이었다.

가급적 식사 시간에 맞춰 여러 가지 식품을 골고루 먹을 수 있도록 노력했다. 어린이집과 유치원에서 점심은 먹고 오기 때문에 아침과 저녁은 꼭 정해진 시간에 먹을 수 있도록 했다. 그리고 가급적 아침에도 여러 가지 음식을 주기 위해 노력했다.

우리 아이가 어린이집을 다닐 때 함께 다녔던 아이들의 부모님들과 이야기를 나눈 적이 있는데, 그중 몇몇 아이들은 아침도 안 먹고 어린이집에 온다고 했다. 아침을 먹고 오지 않는 여러 가지 이유들이 있었다. 아이가 늦잠을 자거나, 부모들이 아침에 바쁜 경우에 어린이집에 그냥 보내기도 한다고 했다. 이런 경우 부모들도 아침을 먹지 않는 경우가 많았다. 아침을 먹지 않고 오는 아이들이 있어서인지 어린이집이나 유치원에서 오전 간식으로 죽이나 시리얼, 빵과 같은 것을 제공하는 경우가 많았다. 아침 식사를 먹지 않아 배가 고픈 아이들이 간식을 많이 먹을 경우, 점심 식사 시간에 밥을 잘 안 먹게 되는 악순환이 반복될 수도 있다.

어린이집이나 유치원에 다니는 아이들의 경우, 혼자 밖에서 먹고 싶은 것을 사먹을 수 없는 나이이기 때문에 가정에서 해주는 음식이 영양 섭취의 전부이다. 이 시기에 다양한 식품을 접해야 함에도 불구하고 매번 똑같은 음식을 제공하는 가정도 많이 있었다. 예를 들어 삶은 달걀, 달걀프라이, 달걀말이, 달걀찜과 같이 달걀 요리만 반복적으로 해주는 가정도 있었고, 구운 고기나 삶은 고기 등 고기만 주로 주는 가정도 있었다. 또, 어릴 때부터 김치를 먹어야 한다면서 맵고 짠 김치 종류로만 가득 식탁을 채워 아이들에게 주는 경우도 있었다.

어떤 부모들의 경우, 원래는 여러 가지 식품을 제공해줬는데 아이가 결국 한 가지 음식만 먹기 때문에 이제는 한 가지 음식만 준다고 하는 가정도 있었다. 이런 것 모두 다 한쪽으로 치우진 부모가 만든, 좋지 않은 식습관이다.

초등학교 시기

아침을 결식하는 아이들은 초등학교 시기에도 결식이 계속될 확률이 매우 높다. 초등학교 시기는 이전 시기와 달리 아이가 혼자

밖에서 음식을 사먹을 수 있게 된다. 어린이집이나 유치원을 다닐 때 접해보지 못했던 음식들을 새롭게 접할 수 있는 시기이기도 하다. 아직 건강한 음식이나 식재료에 대한 지식이 부족한 상태에서 접하게 된 음식으로 인해 영양학적 판단을 잘할 수 없게 된다.

우리 아이가 초등학교 2학년 때 처음으로 밖에서 파는 햄버거를 먹어본 적이 있다. 그전까지 늘 집에서 해준 음식만 먹었기 때문에 밖에서 파는 햄버거를 먹을 일이 없었다. 한입을 딱 먹으면서 하는 말이, "세상에 이렇게 맛있는 음식을 여태까지 왜 한 번도 사주지 않은 거예요?"라고 했다. 그러더니 한동안 햄버거에 푹 빠져서 맨날 햄버거를 사달라고 했다. 조금 더 크니, 용돈을 주면 혼자 햄버거를 사먹기도 했다.

이때 주의해야 할 점은 밖에서 음식을 사먹을 수 있기 때문에 간식과 주식이 바뀌어버릴 수 있다는 점이다. 그리고 부모 모르게 음식을 사먹을 수 있어서 과도한 열량 섭취로 인해 비만이 될 확률도 높아진다. 부모들은 아이가 어느 정도 자랐다고 생각하게 되면 배달 음식을 시키거나 외식도 자주 하게 된다. 먹는 양도 늘어서 피자 두 조각을 먹던 아이들이 어느새 피자 한 판까지도 먹게 되는 경우도 생기게 된다. 매일 쫓아다니면서 아이가 무엇을 먹는지 체크하기 어렵기 때문에 아이와 대화를 통해 식습관을 찾아주는 것이 중요하다.

늘 똑같은 반찬으로 차리는 식탁

매번 다른 식재료를 가지고 반찬을 만들어 제공해주는 것이 쉽지 않은 일이다 보니, 한 번 만들어놓은 반찬을 계속해서 식탁에 올리는 경우가 많다. 어른들도 매번 똑같은 반찬을 주면 잘 안 먹는데, 아이들은 더 안 먹을 수밖에 없다.

초등학교 학부모님들과 대화를 해보면 집집마다 주는 반찬에 차이가 있었다. 예를 들어 어느 집은 채식 위주의 식단만 제공하였고, 어떤 집은 고기 위주의 식단을 제공하였다. 부모가 찌개를 좋아하는 경우 찌개 위주의 식단으로 먹고 있었고, 김치 종류만 놓고 밥을 먹는 가정도 있었다.

각각의 가정마다 무엇을 먹고 있는지, 어떤 영양소가 부족한지 확인해봐야 한다. 고기 위주의 식단은 채소, 과일, 유제품의 섭취가 부족하기 때문에 그런 부분을 보충해줘야 한다. 반대로 채소 위주의 식단은 고기, 생선, 달걀, 콩류가 부족해지기 쉽다.

마트에 장을 보러 가면 카트에 담겨 있는 식재료만으로도 '가정에서 무엇을 먹겠구나' 하고 짐작할 수 있다. 각각의 가정마다 선호하는 음식의 종류가 다르기 때문이다. 부모를 닮아 건강에 이상이 있다면 가족력이라고 생각하겠지만, '음식을 함께 같이 먹으면 닮아간다'는 말처럼 함께 먹는 음식이 원인이 되는 경우도 있다. 음식을 짜게 먹는 가정에서는 모든 가족 구성원이 신장에 문제가 발생할 가능성이 많을 것이며, 달게 먹는 가정에서는 그렇지 않은 가정에 비해 당뇨를 겪게 될 가능성이 많아진다.

아이에게 칼슘이 부족한 경우는 가족이 먹는 음식에 칼슘이 부족한 것이 원인일 수 있는 것이다. 또한 아이뿐 아니라 부모도 칼슘 섭취가 부족한지 체크해봐야 할 필요성도 있다. 부모가 비만인 경우 아이가 함께 비만인 경우가 많은데, 이것은 같이 먹는 음식에서 오는 영향이 크기 때문이다.

우리 집에서는 어떻게 먹고 있는지 체크하여 가족 모두의 식습관을 바로잡을 수 있도록 노력해야 한다. 음식을 잘 만드는 솜씨가 없다면 밖에서 만들어 파는 음식을 구매해서라도 다양한 식품을 먹을 수 있도록 노력해야 한다. 밖에서 파는 음식은 가능한 한 건강에 좋은 영향을 미치고 안전한 식품을 선택하는 현명함이 필요하다. 이렇게 함으로써 부모의 식품 기호나 영양학적 지식이 한쪽으로 치우치지 않도록 해야 한다.

3장

건강하고 올바르게
먹이는 법

식단 짜기의 기본은 무엇일까?

알지만 실천이 쉽지 않은 균형 잡힌 식사

코로나19로 인해 집콕하는 시간이 많아지고 식생활에 관심이 많아지면서, 우리 아이들에게 어떻게 하면 균형 잡힌 식사를 제공하고 건강하게 먹일 수 있을까를 고민하게 된다. 균형 잡힌 식생활은 건강과 성장에 필수적이다. 그러나 실제 균형 잡힌 식생활을 실천하기란 쉽지 않다.

균형 잡힌 식생활이란, 우리 몸에 필요한 영양소를 다양한 식품으로 골고루 적당한 양을 섭취하는 것을 말한다. 실제 급식을 진행하는 영양사가 자주 쓰는 방법으로, 가정에서도 균형 잡힌 식사를 위한 계획을 세울 때 '식품구성자전거'를 활용하면 좋다.

균형을 잡아주는 식품구성자전거

식품구성자전거는 2015년 한국인 영양섭취기준이 개정되면서 그전까지 사용되었던 '식품구성탑'을 개정한 식사 모형이다.

운동을 권장하기 위해 자전거 모양을 사용하였고, 자전거 뒷바퀴에는 다섯 가지 식품군의 권장 식사 패턴의 섭취 횟수와 분량에 비례되도록 면적을 배분하였다. 앞바퀴는 물잔 이미지를 삽입하여 적절한 운동, 균형 잡힌 식사 그리고 수분 섭취의 중요성을 나타내었다.

식품구성자전거를 이용하여 균형 잡힌 식생활을 실천하려면 다섯 가지 식품군, 식품군 대표 식품들의 '1인 1회 분량', 그리고 권장 식품들의 패턴을 알아야 한다(출처: 국민건강보험공단). 참고로 한국영양학회는 2010년에는 식품구성자전거에 유지 및 당류가 포함된 여섯 가지 식품군을 사용하였으나, 2015년 새로 개정한 식품구성자전거에는 유지 및 당류를 넣지 않았다.

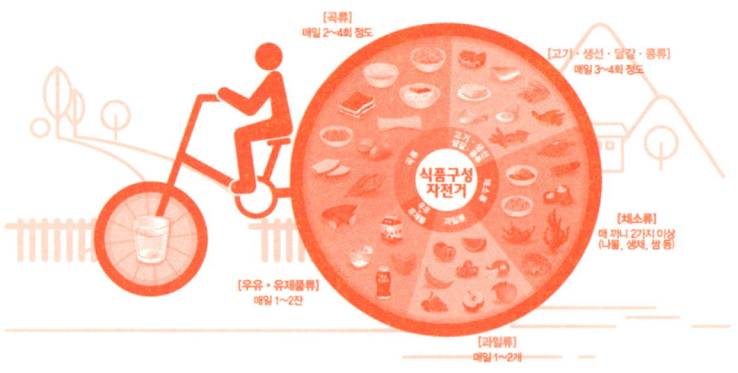

유지 및 당류를 제외한 이유는 다른 식품군을 조리하는 과정에서 사용되는 식품군이라 의식적으로 섭취하지 않아도 자연스럽게 섭취하게 되는 식품군이기 때문이다. 식품구성자전거는 뒷바퀴의 면적에 따라 각 영양소의 섭취 비중을 표시하고 있으며 면적에서 가장 많은 비중을 차지하는 것은 곡류다.

다섯 가지 식품군

식품구성자전거에는 우리가 섭취하는 식품들을 용도와 함유된 영양소에 따라 곡류, 고기·생선·달걀·콩류, 채소류, 과일류, 우유·유제품류로 분류하였다. 이를 차례대로 살펴보면 다음과 같다.

식품구성자전거에서 가장 많은 면적을 차지하는 영양소는 곡류다. 주로 주식으로 많이 섭취하며, 에너지를 공급하기 위한 식품군으로 밥, 면, 빵, 떡과 같은 탄수화물이 주된 식품이다.

두 번째는 고기·생선·달걀·콩류 등의 단백질이다. 매일 3~4회 정도로 섭취하는 것이 좋다. 단백질은 근육과 골격 발달에 매우 중요한 역할을 한다. 또한 성장기 어린이나 청소년은 충분히 섭취해야 하는 식품군이다. 주로 필수아미노산이 골고루 함유된 질 좋은 단백질이 많이 들어 있으며, 쇠고기·돼지고기·닭고기와 같은 육류, 고등어·조기·오징어와 같은 생선류, 계란·메추리알과 같은 달걀류, 두부·된장·대두와 같은 콩류, 땅콩·호두와 같은 견과류가 주된 식품이다.

세 번째는 비타민과 무기질, 식이섬유가 풍부하게 들어 있는 채소류다. 대부분 식물성 식품이며 우리나라 사람들은 주로 김치와 나물 형태로 많이 섭취하고 있다. 채소는 매 끼니 두 가지 이상으로 섭취해야 한다. 시금치·오이와 같은 채소류, 김·미역·다시마와 같은 해조류, 표고버섯·느타리버섯 등과 같은 버섯류가 주된 식품이다.

네 번째는 과일류다. 매일 1~2개 정도 후식 또는 간식으로 섭취하면 좋다. 주로 비타민, 무기질, 당분이 많이 들어 있으며, 딸기, 수박, 포도 등의 과일이 주된 식품이다.

다섯 번째는 대표적인 칼슘의 공급원인 우유·유제품류다. 칼슘 섭취가 부족한 우리나라 사람들에게 유제품류는 매우 중요하며 매일 1~2잔 정도로 섭취할 것을 권장한다. 유제품류에는 단백질뿐 아니라 비타민 A와 D도 들어 있다. 우유, 치즈, 요구르트, 아이스크림 등으로 섭취하면 된다.

식품구성자전거 다섯 가지 식품군의 활용

대부분의 학교는 영양사들이 상주해 있기 때문에 식품구성자전거와 식품의 1인 1회 분량, 탄수화물·단백질·지방·비타민·무기질의 비율을 지키면서 각각의 학교 실정에 맞춰 학교급식을 진행하고 있다.

식품구성자전거를 참고하여 가정에서도 식사 구성을 할 때 5가지 식품이 가급적 골고루, 비율에 맞게 포함될 수 있도록 하는 노력이 필요하다. 또한 같은 식품군에 속하는 식품이라 할지라도 그 안에 함유된 영양소의 종류와 양이 조금씩 다르기 때문에 같은 식품군 안에서도 다양하게 조리하여 선택하는 것이 좋다.

예를 들어 고기·생선·달걀·콩류의 식품군을 매일 3~4회 섭취하라고 했는데, 매일 달걀만 3회를 주는 것은 좋지 않다는 뜻이다. 채소군에서 시금치나물만 계속 주는 것이 아니라 시금치 무침, 오이샐러드, 버섯볶음 등 다양한 재료와 조리법을 사용하여 제공할 수 있도록 하는 것이 중요하다.

요즘 운동하는 사람들이나 다이어트하는 사람들을 보면 탄수화물을 가급적 먹지 않는 것이 유행이라고 하지만, 영양적으로 균형 잡힌 식단을 위해서는 곡류를 주식으로 하고, 단백질 반찬과 채소 반찬을 골고루 사용하는 것이 좋다. 또한 음식을 조리할 때 가급적 유지류는 소량씩 이용하고, 아이들이 식사하기 전에 간식을 너무 많이 섭취하지 않도록 주의를 기울이는 것이 좋다. 간식을 너무 많이 섭취하게 되면 정작 식사 할 때에는 밥을 먹지 않는 경우가 생길 수 있기 때문이다.

각각의 한 끼 식단에 간식으로 되어 있는 과일, 우유 및 유제품류만 첨가하여 식사를 할 수 있도록 구성하였다. 아침, 점심, 저녁을 구별하지 않더라도, 필요한 부분의 식단을 가정에서 활용할 수 있도록 작성하였다. 제철 메뉴는 가급적 배제하고, 시중에 쉽게 구할 수 있는 재료를 사용할 수 있도록 구성하였다. 가정에서 요리를 한다는 가정으로 메뉴를 구성하였다. 예컨대 치킨, 짜장면, 라면, 배달요리와 같은 메뉴는 식단 구성에서 배제하였다.

요즘은 제철 식품이라고 딱히 구분지어서 음식을 먹지는 않는다. 하우스 재배와 저장 기술의 발달, 수입 식품의 증가로 제철 식품의 구분이 사라진 지 오래다. 마트에 가면 사시사철 필요한 식재료를 구할 수 있기 때문이다. 그래도 제철 식재료는 본연의 시기에 재배된 만큼 고유한 영양성분을 그대로 담았다고 생각한다.

필요하다면 위의 제철 식단표를 활용해보는 것도 식탁을 구성하는 데 도움받을 수 있다. 위의 식단표는 월별로 제철에 나는 식재료를 바탕으로 구성한 식단이기 때문에 언제든지 가정에서 다른 메뉴로 변경하여 사용하면 된다.

| 식품구성자전거를 활용한 식단 예시(한식) |

	아침	점심	저녁	간식
월	쌀밥 쇠고기미역국 달걀말이 숙주미나리무침 김치류(배추김치)	보리밥, 돈등뼈감자탕 생선구이 시금치(콩나물)무침 김치류(총각김치)	수수밥 동태찌개 수육/모듬쌈 어묵감자채소볶음 김치류(깍두기, 파김치)	과일+ 우유 및 유제품류
화	기장밥 참치김치찌개 햄구이 오징어채무침 브로콜리+초장 김치류(오이소박이)	흑미밥 쇠고기뭇국(갈비탕) 닭채소볶음 고사리나물 김치류(배추김치)	오므라이스(짜장밥) 북어콩나물국 돼지갈비찜 도토리묵채소무침 김치류(총각김치)	
수	잡곡밥 우렁된장찌개 돈육불고기/상추 미역줄기볶음 김치류(깍두기)	산나물비빔밥 쇠고기볶은고추장 누룽지숭늉(미역국) 동그랑땡(달걀프라이) 연근땅콩조림 김치류(오이소박이)	차조밥, 돈육김치찌개 생선찜 도라지오이무침 김치류(총각김치, 열무김치)	
목	검정콩밥 어묵뭇국 두부조림 멸치꽈리고추볶음 김치류(배추김치)	녹두밥, 닭개장 목살구이 채소절임(명이나물, 피클류) 김치류(배추김치)	통밀밥 순두부찌개(해물) 쇠고기메추리알조림(닭, 돼지고기도 가능) 김구이 김치류(총각김치)	
금	현미밥 달걀파국 오징어볶음 양상추샐러드 김치류(총각김치)	콩나물밥, 두부된장국 코다리조림 가지채소볶음 김치류(배추김치)	팥밥 감자고추장찌개 돈육잡채, 떡갈비구이 김치류(배추김치)	
토	영양찹쌀밥, 닭뭇국 비엔나소시지채소볶음 깻잎순(취나물)무침/고구 마줄기(머위대)들깨볶음 김치류(배추김치)	돈육김치볶음밥(참치) 만둣국 버섯볶음 김치류(백김치, 깍두기)	귀리쌀밥, 청국장 생선구이(삼겹살구이) 미나리채소무침 김치류(보쌈김치, 깻잎김치)	
일	렌틸콩밥, 떡국 훈제오리채소볶음 양배추찜/쌈장 김치류(깍두기, 나박김치)	쇠고기카레라이스 바지락수제비국 소시지달걀구이 채소샐러드 김치류(총각김치, 열무김치)	율무밥, 육개장 간장닭찜 부추호박전 김치류(백김치, 동치미)	

| 계절별 식단 |

	제철 식재료	식단 예시 3월 (쑥, 주꾸미, 냉이, 고들빼기, 딸기)	식단 예시 4월 (바지락, 부추, 미나리, 갓)	식단 예시 5월 (깻잎순, 장어, 마늘쫑, 두릅)
봄		쌀밥, 쑥된장국 주꾸미삼겹살볶음 냉이무침 고들빼기김치 과일류: 딸기	기장밥, 바지락칼국수 부추미나리감자전 주꾸미숙회 수육, 갓김치 과일류: 멜론, 오렌지	멍게비빔밥 호박두부버섯된장국 장어구이 깻잎순나물/마늘쫑건새우볶음 두릅숙회&초장, 깻잎김치 과일류: 멜론, 체리, 오디
여름		식단 예시 6월 (완두콩, 감자, 단호박, 소라, 다슬기, 노각, 부추)	식단 예시 7월 (근대, 메밀, 가지, 오이)	식단 예시 8월 (밤, 전복, 더덕, 고구마줄기, 열무)
		완두콩밥 감자국단호박훈제오리찜 소라숙회/초장 다슬기전, 노각무침 부추김치 과일류: 복숭아, 참외	동부콩밥, 근대된장국 닭볶음탕, 메밀전 가지나물, 오이김치 과일류: 블루베리, 사과, 수박, 참외, 복숭아	밤밥, 전복미역국 소불고기, 더덕무침 고구마줄기들깨볶음 열무김치 과일류: 포도
가을		식단 예시 9월 (율무, 녹두, 고등어, 능이버섯, 고구마, 참나물)	식단 예시 10월 (검정콩, 땅콩, 은행, 넙치, 해물종류, 고춧잎, 배추, 무)	식단 예시 11월 (꼬막, 굴, 연근, 시금치, 콜라비, 유자)
		율무밥 능이버섯닭백숙 고등어무조림 녹두전, 고구마튀김 참나물무침(샐러드) 과일류: 감, 석류	검정콩밥 해물탕(꽃게, 굴, 낙지, 홍합) 넙치구이, 땅콩은행조림 고춧잎나물, 배추겉절이 과일류: 키위	꼬막비빔밥, 굴홍합탕 돈육볶음, 연근조림 시금치나물, 콜라비김치 유자차
겨울		식단 예시 12월 (강낭콩, 아귀, 삼치, 김, 무, 해조류)	식단 예시 1월 (명태, 우엉, 유채, 세발나물)	식단 예시 2월 (톳, 시금치, 도미, 취나물, 봄동)
		강낭콩밥 아귀해물탕(아귀맑은탕) 삼치구이 김구이/무나물 미역줄기볶음 배추김치, 당근주스 과일류: 귤	잡곡밥, 동태찌개 삽겹살구이, 우엉조림 유채나물/세발나물 배추김치 과일류: 금귤, 오렌지, 딸기	톳밥, 시금치된장국 도미찜 취나물볶음/방풍나물 봄동겉절이 과일류: 오렌지, 딸기

식품 정보를
읽고 알아보는 법

'소비기한'과 '품질유지기한'에 유의하라

학교에서 식품을 검수할 때 쓰는 검수서에는 원산지, 식품 온도, 유통기한을 적게 되어 있다. 대부분의 식자재에는 유통기한이 적혀 있다. 그런데, 간혹 유통기한이 아닌 제조일이 표시되어 있는 경우가 있어 부지불식간에 받아 적다가 유통기한이 지난 식품이 들어온 줄 알고 놀랐던 적이 있다. 유통기한은 말 그대로 상품이 시중에 유통될 수 있는 기간이다. 즉, 식품의 제조일로부터 판매가 허용되는 기간을 의미한다.

간혹 "유통기한이 지난 식품 먹어도 돼요?"라고 물어보는 경우가 있는데, 이제는 질문의 방법이 달라져야 한다. "이 식품은 소비기한이 언제까지인가요?"라고 물어야 하는 것이다. 이렇게 물어야 하는 이유는, 식품을 먹어도 건강상 이상이 없을 것으로 판단되는 기간을 표시한 것이 바로 소비기한이기 때문이다.

| 유통기한, 소비기한, 품질유지기한의 차이 |

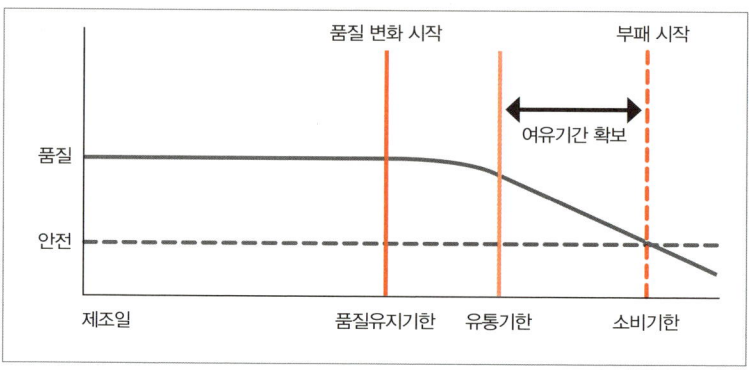

소비기한은 식품의 종류에 따라 다르지만, 대부분 유통기한보다 긴 경우가 많다. 이것 말고도 또 다른 개념을 나타내는 표시법이 있다. '품질유지기한'이 그것인데, 이는 식품의 특성에 맞는 적절한 보존 방법이나 기준에 따라 보관할 경우, 그 식품 고유의 품질이 유지되는 기한을 말한다.

대체로 장기간 보관해도 부패의 우려가 없는 소금, 설탕, 청주나 통조림류 등이 입고될 때에는 각각 제조일로부터 어느 정도 지난 후라고 계산해서 적어야 했는데, 이때 적는 기간이 바로 품질유지기한이다. 제조일부터 고유의 품질이 유지될 수 있는 기간까지 판매를 할 수 있는 것이다. 식품마다 각각의 표기법이 다르기 때문에 세 가지 표기법을 알아둘 필요가 있다.

유통기한 표기와 읽는 방법

제조, 가공, 소분, 수입한 식품에 대해서는 유통기한을 표기하여야 한다. 유통기한 표시를 생략하는 게 가능한 식품은 품질유지기한을 표시하는 식품과 자연 상태의 농·임·수산물, 빙과류, 식용얼음, 껌류(소포장 제품에 한함)이다. 그리고 식품첨가물과 기구 또는 용기 포장류는 유통기한 표시 대상이 아니다.

우리나라의 경우 연·월·일 순으로 유통기한을 표기하는데, 보통 'ㅇㅇ년 ㅇㅇ월 ㅇㅇ일까지'로 표시를 하고 있다. 제조일도 표시하는 경우에는 유통기한에 '연, 월'은 쓰지 않고 'ㅇㅇ일까지' 또는 'ㅇㅇ년까지' 등으로 표시할 수 있다. 단, 도시락의 경우 시간까지 표시해야 한다. 통조림 식품은 10월, 11월, 12월의 표시를 영문 첫 글자를 따서 각각 O, N, D로 표시할 수 있다. 참고로 유럽의 경우에는 일·월·연으로 표기한다.

식품인증마크란

소비자들이 식품을 살 때 살펴봐야 할 표시법 가운데는 식품인증마크도 있다. 인증마크는 발부 기관에 따라 다양하며, 각각의 특징이 분명하므로 개념을 잘 알고 있으면 식품을 선택하고 고르는 데 유용하게 활용할 수 있다. 다음 그림은 대표적으로 알아야 할 식품인증마크이다.

NASA(미항공우주국)에서 시작된 HACCP

식품 포장 용기에서 가장 흔하게 볼 수 있는 것이 HACCP(해썹) 인증마크. 예전에 비해 HACCP 인증마크가 보편화되어 있다는 건, 그만큼 안전하게 관리되고 있는 식품이 늘어나고 있다는 뜻이다. HACCP의 원리가 식품에 응용되기 시작한 건, NASA와 관련이 있다. 우주선을 개발할 때 미생물학적으로 100% 안전한 우주 식량을 만들기 위해서 HACCP 시스템을 도입한 것이다.

HACCP은 식품의 생산부터 소비까지의 모든 과정에서 위해한 물질이 식품에 섞이거나 식품이 오염되는 것을 방지하기 위하여 각 과정의 위해 요소를 확인·평가하여 중점적으로 관리하는 사전 예방적 식품안전관리 체계이다.

즉, 식품 포장용기에 HACCP 인증마크가 있다는 것은 해당 상품이 과학적이고 체계적으로 관리가 된 제품이라는 뜻이므로 안심하고 구매해도 좋다.

식품이력추적관리제도란?

학교에 입고되는 쇠고기, 돼지고기, 닭고기, 달걀, 친환경 농산물, 수산물의 경우 검수할 때 꼭 챙겨야 하는 서류들이 있다. 육류의 경우 등급판정서, 친환경농산물의 경우 친환경인증서, 수입 수산물의 경우 수입 수산물 검역확인서 및 인증서, 방사능 검사 성적서를 받아서 그에 맞는 식품이 들어왔는지 확인해야 한다.

식품이력추적관리제도에 따라 농·축·수산물 모두 생산부터 판매까지의 이력을 관리할 수 있다. 이로 인해 원산지 허위표시가 방지되고, 유통의 투명성을 높이게 되며, 혹시라도 문제가 발생하였을 때 원인 규명에 필요한 조치를 빠르고 쉽게 할 수 있다. 언제든 궁금하면 식품에 있는 QR코드로 손쉽게 확인할 수 있다.

어린이를 위한 어린이 기호식품 품질인증마크

어린이 기호식품 품질인증마크를 얻기 위해서는 기본적으로 HACCP 기준을 갖춘 시설에서 만들어져야 하며, 각종 화학첨가물을 사용하지 않고, 안전하고, 영양을 고루 갖춘 식품이어야 한다.

식품첨가물 사용 기준에 식용색소, 타르, 합성보존료 등을 사용하지 않아야 하며, 과일이나 채소 주스의 경우 당류 무첨가 식품이어야 한다. 아이들의 식품을 선택할 때는 가급적 어린이 기호식품 품질인증마크가 있는 것을 선택하는 것이 좋다.

건강식품? 건강기능식품?

대부분 건강식품과 건강기능식품을 헷갈려 하는 경우가 많다. 건강식품은 대체적으로 건강에 좋다고 인식되어온 식품으로, 실제 건강에 유용한 기능을 가지고 있는지는 과학적으로 인증되지 않은 식품이다.

그러나 건강기능식품은 인체에 유용한 기능성을 가진 원료 혹은 성분을 가공·제조한 식품으로 식품의약품안전처로부터 승인받은 제품이다. 그렇기 때문에 건강기능식품 인증마크는 승인받은 제품에만 부착된다. 그러나 건강기능식품은 질병을 치료하거나 예방할 목적으로 만들어진 의약품은 아니기 때문에 약과 같은 효과를 기대하면 안 된다.

GAP 시스템과 친환경 인증마크 바로 알기

2017년 나는 농림축산식품부에서 후원하고, 대한급식신문사에서 주관하는 제1회 GAP 교육을 수료하게 되었다. 그때 공부한 것 중 하나가 GAP 시스템과 친환경 인증마크였다.

GAP(갭)이란 'Good Agricultural Practices'의 약자로 농산물 우수 관리 제도라 할 수 있다. GAP은 '농산물의 HACCP 시스템'이라고 생각하면 이해하기 쉽다. 안전한 농산물을 공급하기 위해 농산물의 생산 단계부터 판매 단계까지 각 단계에서 나타날 수 있는 위해 요소를 체계적으로 관리하는 제도이다.

GAP은 국립농산물품질관리원에서 관리하고 있으며, 건강에 유해하지 않은 범위에서 일정 수준 이하의 농약 사용을 허용하고 있다. GAP 인증마크가 있는 식품은 체계적으로 관리가 된 식품으로, 안심하고 구매해도 된다.

친환경 인증마크에는 유기농산물, 무농약농산물, 저농약농산물의 세 가지가 있다. 대부분 친환경 인증마크와 함께 GAP 인증마크가 있기 때문에 모두 다 안심하고 구매해도 되는 식품이지만, 각각의 인증에 대해 좀 더 자세히 알 필요가 있다.

유기농산물은 농약과 화학비료 둘 다 전혀 사용하지 않고 재배한 농산물이기 때문에 가장 친환경적인 농산물이라 할 수 있다. 무농약농산물은 농약을 전혀 사용하지 않은 농산물로 화학비료는 권장량의 3분의 1 이내로 사용할 수 있다. 저농약농산물은 농약을 안전 사용 기준의 2분의 1 이하로 사용하고, 화학비료는 권장량의

2분의 1 이하로 사용할 수 있다. 친환경 인증마크라 할지라도 각각의 뜻을 정확히 알고 구매할 필요가 있다.

이 밖에도 요즘에는 전통식품 인증마크, 동물복지 인증마크, 지리적 표시마크, 글루텐프리, 비건 마크 등 다양한 식품인증마크가 생겨나고 있다. 이런 마크들의 의미가 무엇인지 알고 관심을 가져야만 우리 가족의 먹거리를 좀 더 현명하게 선택할 수 있다.

영양표시제와 영양성분표 보는 방법

영양사라는 직업 때문이기도 하지만, 내가 마트에 가서 물건을 살 때 가장 먼저 보는 것이 식품 뒷면에 있는 영양표시다. 특히, 우리 아이가 좋아하는 과자류 코너에 가면 더 꼼꼼히 확인하게 된다.

영양표시란 식품에 영양소가 얼마만큼 포함되어 있는지를 알기 쉽게 표시해놓은 것이다. 그리고 이것을 의무적으로 제도화한 것이 영양표시제다. 영양표시제는 아이들의 건강을 위한 식품을 선택할 때 매우 유용한 지표가 된다.

영양표시에 반드시 포함되어야 하는 것에는 열량, 나트륨, 탄수화물, 당류, 지방, 트랜스지방, 포화지방, 콜레스테롤, 단백질이 있는데 이것은 건강을 위해 특히 주의를 기울여야 하는 영양소이기 때문이다. 그 밖의 영양소는 선택적으로 표시할 수 있다.

그러나 '무지방', '저지방', '칼슘 강화'와 같이 제품의 영양적 특성을 강조한 경우, 강화된 영양소 함량도 반드시 함께 표시해야 한

영양정보	총 내용량 00g
	000kcal
총 내용량당	1일 영양성분 기준치에 대한 비율
나트륨 00mg	00%
탄수화물 00g	00%
당류 00g	00%
지방 00g	00%
트랜스지방 00g	
포화지방 00g	00%
콜레스테롤 00mg	00%
단백질 00g	00%
1일 영양성분 기준치에 대한 비율(%)은 2,000kcal 기준이므로 개인의 필요 열량에 따라 다를 수 있습니다.	

출처: 영양표시정보_식품의약품안전처

다. 각 성분은 1일 영양성분 기준치에 대한 해당 식품의 일정량에 포함된 영양소 함량의 비율로 표시한다. 영양성분표를 보면 '1회 제공량', '총 제공량'이라는 문구가 있는데, 이것은 권장섭취량을 의미하는 것이 아니다. 1회 제공량은 제품을 만든 회사에서 자율적으로 정하기 때문에 비슷한 식품일지라도 1회 제공량과 총 제공량은 다를 수 있다.

영양성분표에 있는 각 성분의 함량과 영양성분 기준치는 1회 제공량을 기준으로 하고 있는데, 만약 이것이 설정되지 않은 제품의 경우에는 100g, 100ml 또는 포장당 함유된 값으로 표시하고 있다.

영양성분표를 다양하게 활용하는 법

대부분의 식품에는 영양성분에 대한 표시가 있다. 영양성분표를 보면 1회 제공당 영양소 함량을 알 수 있고, 내가 해당 식품을 먹었을 때 각각의 영양소를 얼마만큼 섭취하게 될지에 대해서도 알 수 있다. 각각 영양소의 섭취량을 계산해보면 하루 동안 다른 식품을 통해 제한하거나 더 섭취해야 하는 영양소도 알 수 있다. 또한 비슷한 식품의 서로 다른 가공식품을 비교·분석할 때도 영양성분표를 활용하면 좋다.

예컨대 우리 아이가 군것질을 많이 한다면, 영양표시에 열량, 나트륨, 당류 등의 함량을 확인한다. 또 우리 가족 중에 비만, 고혈압 환자가 있다면 지방, 나트륨, 콜레스테롤 등의 함량을 확인하는 데 영양성분표가 유용하게 활용될 수 있다.

가장 쉽게 영양성분표를 활용하는 방법은 먼저 1회 제공량이나 총 제공량을 확인하여 나의 섭취량을 계산하는 것이다. 예컨대 1회 제공량 1봉이 40g으로 2봉을 먹었다면 나는 80g을 섭취한 것이다. 다음으로 활용해볼 수 있는 것이 내가 섭취한 영양소의 양을 알 수 있는 것이다. 표를 보면 1회 제공당 열량이 146kcal으로 나와 있다. 그렇다면 내가 실제로 섭취한 열량은 146kcal 곱하기 2봉을 해서 292kcal가 된다. 다른 영양소도 마찬가지의 방법으로 계산하면 된다.

마지막으로 영양성분표에서 영양소 기준치를 활용하는 방법이 있다. 영양소 기준치가 27%인 콜레스테롤을 계산해보면, 27% 곱하기 2봉을 해서 54%임을 알 수 있다.

그렇다면 하루 동안 다른 식품을 통해 콜레스테롤을 46% 이하로 제한하는 것이 좋다는 것을 알 수 있다. 참고로 지방, 콜레스테롤의 경우 하루 먹는 식품들의 영양소기준치의 %를 각각 더하여 100%가 되지 않는 것이 좋다.

영양표시제는 섭취한 것을 계산하여 활용하기도 하지만, 영양표시제를 확인하여 식품을 선택하는 방법도 있다. 비만이나 성인병이 있는 아동의 경우 식품을 구입하기 전에 영양성분표를 확인하여 열량, 당류, 지방, 나트륨 함량이 가급적 낮은 식품을 선택하는 것이 좋다. 따라서 식품을 합리적으로 구매하기 위해서는 영양성분표를 꼭 확인해보는 것이 바람직하다.

다음에 나와 있는 그림을 보면 영양성분표를 활용할 수 있는 세 단계가 나와 있다. 1단계는 1회 제공량과 총 제공량을 확인하여 나의 섭취량을 계산해보는 것이다. 2단계는 1회 제공량 당 영양소 함량을 확인하고 마지막으로 3단계는 영양소 별 % 영양소기준치를 확인하면 된다.

| 영양성분표 활용 순서 |

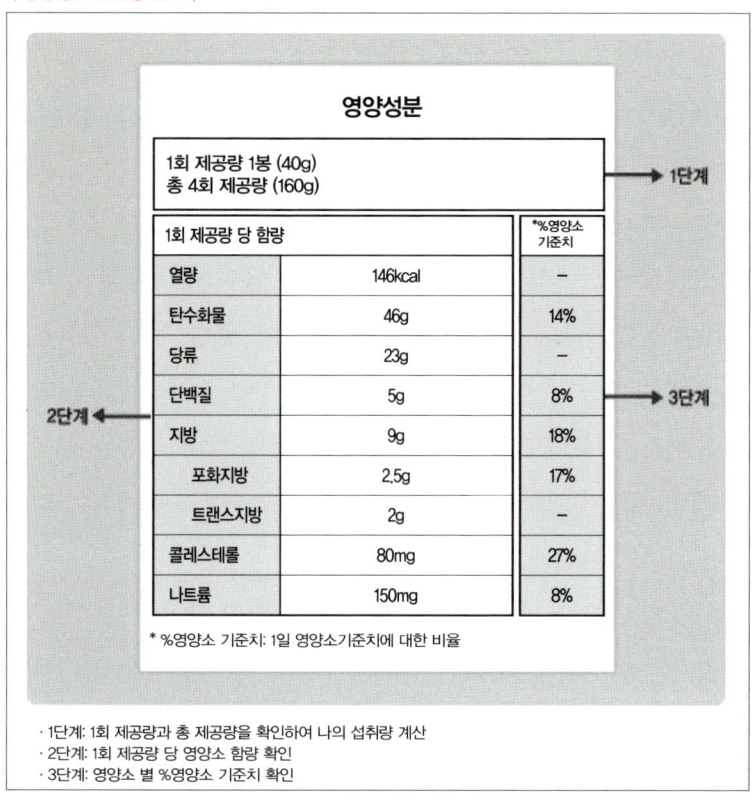

- 1단계: 1회 제공량과 총 제공량을 확인하여 나의 섭취량 계산
- 2단계: 1회 제공량 당 영양소 함량 확인
- 3단계: 영양소 별 %영양소 기준치 확인

출처: 보건복지부, 대한의학회

조리법을 바꾸면
칼로리도 달라진다

튀김 기름의 추억

나는 솔직히 지금도 학교급식에 튀김이 나올 때가 제일 좋다. 개인적으로 튀김을 매우 좋아하기 때문이다. 무엇이든 기름에 튀기면 맛이 배가 되는 것 같다. 특히 튀김의 바삭한 식감을 좋아하지만 튀김요리가 느끼하다 보니 생각보다 많이 먹지는 못한다.

내가 처음 학교급식을 시작할 때는 조리 기구가 지금처럼 많지 않아 다양한 조리법으로 식단을 제공할 수 없었다. 조리 기구가 많이 없기도 했지만, 튀김요리는 고온의 기름에 식재료를 넣어 단시간에 익힐 수 있기에 간편했다. 그리고 탕수육, 돈가스, 치킨과 같은 메뉴는 선호도가 높았기 때문에 주요 메뉴로 자주 제공했었다.

학교에 들어온 지 얼마 되지 않았을 때 위생 점검을 받은 적이 있다. 학교급식이 처음이라 업무 익히기도 바쁠 때고, 그때까지도 조리실이 어떻게 돌아가는지 꼼꼼히 살펴보지도 못할 때였다.

점검자가 식재료 보관창고를 둘러보던 중, 주전자에 담겨 있는 기름을 발견하였다. 그러고 나서 기름이 왜 주전자에 있는지 물어보았다. 위생 점검을 처음 받은 그때, 나는 갑자기 물어본 질문에 너무 당황해서 아무 말도 못했던 기억이 난다.

왜 주전자에 기름이 들어있었는지는 그날 위생 점검을 마친 후, 현장에 일하시는 분들에게 물어봐서야 알았다. 전을 부칠 때 등 콩기름이 필요할 때 18L에 들어있는 콩기름을 주전자에 덜어서 사용하고 있었다고 했다. 그래서 주전자에 기름이 담겨 있었던 것이다. 주전자에 기름을 보관하면 주전자 안의 기름이 공기 중에 장시간 노출되면서 산패가 진행되기 때문에 그 기름을 먹으면 건강에 좋지 않다.

현장에서 일하는 사람들은 바로 새것을 뜯어서 덜어서 사용한 것뿐이라고, 장시간 보관하지 않았기 때문에 문제가 되지 않는다고 했다. 그래도 그날 이후부터 요리에 사용할 때는 1.8L짜리 작은 통에 있는 콩기름을 이용할 수 있도록 했다.

살찌는 메뉴는 정해져 있다

튀김의 가장 큰 문제점은 칼로리다. 그렇기 때문에 예전부터 학교급식에서는 튀김요리를 제한하고 있었다. 같은 식재료를 이용하더라도 찌거나 굽는 경우보다 기름에 튀기게 되면 식재료에 기름이 흡수되어 칼로리가 증가하기 때문이다. 튀겼을 때 추가되는 칼로리는 해당 식재료가 얼마만큼 기름을 흡수하는지에 따라 차이는 있겠지만, 기본적으로 30% 정도 증가하며 심한 경우에는 2배 이상 증가하기도 한다. 살찐 아이들의 대부분은 튀김류를 제한 없이 먹고 있었다.

학교에서 근무한 지 1년쯤 되었을 때, 학교급식 현대화 사업으로 인해 조리실을 증축하게 되었다. 증축하면서 기존에 없던 기구들을 구입하게 되었다. 그중 지금까지 잘 사용하고 있는 것이 다기능 오븐이다. 오븐은 볶음요리, 찜요리, 튀김요리 등 다양한 메뉴를 기름을 적게 사용하면서도 간편하게 조리할 수 있다는 장점이 있다. 칼로리가 높은 튀김요리도 오븐으로 칼로리를 낮춰서 조리할 수 있다는 장점도 있다.

오븐이 생기고 나서 학교급식에 제공하는 조리법이 달라지면서 칼로리를 낮추기 쉬워졌다. 다기능 오븐이 있기 때문에 돈가스, 치킨, 탕수육과 같은 튀김 메뉴도 많은 양의 기름 없이 조리할 수 있어서 칼로리 측면에서는 효율적이다. 오븐 조리법만으로도 조리 시 칼로리는 낮출 수 있었다.

살찌는 조리법도 정해져 있다

같은 식재료라도 조리법에 따라 칼로리는 달라질 수 있다. 예를 들어 봄철에 자주 나는 봄나물의 경우 냉이튀김, 달래튀김 등으로 제공하면 칼로리가 높아진다. 이럴 때 칼로리를 낮추는 방법으로는 냉이나 달래는 무침으로, 감자는 조림이나 쪄서 제공하는 것이다. 같은 식재료라도 조리법만 달리하면 칼로리를 낮출 수 있다.

결국 살이 덜 찌는 조리법은 기름을 적게 사용하는 굽기, 찌기, 삶기와 같은 조리법을 이용하는 것이다. 튀김요리의 경우 식재료를 가늘게 썰거나 빵가루를 많이 묻히게 되면, 기름의 흡수량이 많아지게 된다. 가급적 화학조미료 대신 천연조미료를 사용하는 방법도 있다.

또한, 조리가 완료된 국에 떠있는 기름을 제거하고 섭취하는 방법도 있다. 육류를 조리할 때는 가급적 지방이 적은 부위를 사용한다. 고기나 생선을 조리할 때 기름을 둘러서 조리하는 대신 녹차 우린 물을 붓고, 뚜껑을 닫아서 조리하는 방법도 있다.

식재료 궁합 맞추기

독이 되는 식품 궁합

식재료에도 궁합이라는 것이 존재한다. 같이 먹으면 서로의 영양소를 파괴하거나, 몸에 결석을 생성하는 등의 부작용을 일으키기 때문에 피해야 하는 식재료도 있다.

예를 들어 오이무침의 경우, 오이만 사용해도 되지만 때로는 모양이나 색을 위해 오이와 당근을 함께 사용하는 경우가 있다. 오이와 당근 둘 다 영양가가 높은 식품이지만, 함께 사용하면 당근에 있는 '아스코르비나아제'라는 효소가 오이에 있는 비타민C를 파괴한다. 이때 비타민C 파괴를 막기 위해서는 조리 시 식초를 첨가하거나, 당근을 열처리하여 아스코르비나아제라는 효소를 불활성화시키면 된다.

또 시금치와 두부도 함께 먹으면 수산칼슘이 생성되기 때문에 요로결석이 생기기 쉽다. 얼마 전에 TV를 보니 버터를 녹인 팬에

스테이크를 구워 먹는 모습이 나왔다. 팬에 녹인 버터로 인해 맛과 풍미는 향상될지 몰라도, 버터와 쇠고기 모두 콜레스테롤이 높은 식품이다. 따라서 함께 구워서 먹게 되면 콜레스테롤의 섭취가 더 높아지게 되어서 우리 몸에 좋지 않은 영향을 끼치게 된다.

약이 되는 식품 궁합

반대로 함께 먹으면 영양소의 흡수가 높아지는 경우도 있다. 멸치풋고추조림과 같이 멸치와 풋고추를 함께 사용하는 방법이다. 멸치의 칼슘이 철분을 만나면 흡수가 빨라지게 되는데 멸치와 풋고추를 함께 사용하는 요리는 우리 몸의 칼슘 흡수에 도움을 줄 수 있다. 또 멸치와 풋고추를 함께 넣어 조리하면 멸치에 부족한 식이섬유와 비타민까지 보충할 수 있다. 멸치는 우엉과도 좋은 궁합이라 할 수 있다. 우엉에 있는 '이눌린' 성분도 칼슘의 흡수를 돕는 작용을 하기 때문이다.

옛날부터 우리 조상들은 여름철 더운 복날에 삼계탕을 만들어 먹었다. 삼계탕에는 닭과 마늘을 함께 넣어 먹었는데, 조상들의 식품 궁합에 대한 지혜를 엿볼 수 있다. 닭에는 원기회복을 돕는 비타민B군이 많이 있는데, 함께 넣은 마늘의 '알리신' 성분이 비타민B군의 흡수를 돕는 작용을 한다. 이 밖에도 달걀말이에 채소 다진 것을 넣거나, 쇠고기나 조개요리에 향이 잘 맞는 채소를 곁들이게 되면 영양소의 균형을 맞춰주게 된다.

조리 시 영양가가 높아지는 채소들

채소는 생으로 먹어야 영양소 흡수가 잘된다고 생각하는 사람들이 있지만, 모두 다 그런 것은 아니다. 오히려 조리했을 때 영양소 흡수가 늘어나는 채소들도 있다. 양파, 마늘, 배추, 무순, 버섯과 같은 흰색 채소와 토마토, 가지, 파프리카, 당근과 같은 채소의 경우 기름에 볶아서 먹어야 영양소 흡수가 더 잘된다. 당근의 경우 항산화 성분인 베타카로틴과 비타민A 등이 들어있는데, 생으로 먹었을 때 우리 몸의 흡수율은 10%에 불과하지만, 구워 먹거나 기름과 함께 섭취하면 흡수율이 60~70%까지 높아지게 된다.

토마토의 '라이코펜' 성분도 열을 가하면 흡수율이 높아지기 때문에 토마토를 굽거나 기름에 살짝 볶아서 섭취하면 흡수율이 높아지게 된다. 가지는 가열을 해도 발암물질 억제 성분이 82% 정도 남아있을 정도로 열에 강하기 때문에 다양한 방법으로 조리를 해서 먹어도 좋다. 가지를 구우면 수분이 빠져나가면서 항산화 성분인 '안토시아닌'이 농축되기 때문에, 굽거나 기름에 살짝 볶아서 먹으면 흡수율이 높아지게 된다.

사과를 구워 먹게 되면 사과의 섬유질이 부드러워져 흡수율이 높아지게 된다. 구운 사과는 비타민C가 손실될 수 있겠지만, 체내 지방이 쌓이는 걸 막아주는 '팩틴'의 밀도가 높아진다. 브로콜리의 경우 찜기에 올려 찌면 암을 예방하는 '카로티노이드' 성분이 농축돼서 체내 흡수율이 증가된다. 연근에 있는 비타민C는 열에도 잘 파괴가 되지 않는데, 그 이유는 녹말로 보호되어 있기 때문이다.

시금치는 살짝 데치면 베타카로틴 함량이 증가하게 된다. 시금치와 같은 엽채류에는 잎부분에 영양소가 모여 있는데, 열을 가해 조직이 부드러워지면서 유효성분이 활성화된다.

채소는 종류에 따라 데치는 법을 달리해야 하는데, 잎을 먹는 엽채류나 과실과 씨를 먹는 과채류의 경우 조직이 넓어 열이 빨리 통과하므로, 끓는 물에 살짝 데치거나 삶는 것이 좋다. 그러나 감자, 고구마와 같은 경우 끓는 물에 넣게 되면 표면이 먼저 물러질 수 있기 때문에 처음부터 찬물에 넣어 익히는 것이 좋다.

그리고 대체로 수용성 비타민이 많은 채소의 경우 생으로 먹는 것이 도움이 된다. 아삭한 식감의 양상추에 있는 비타민C와 엽록소는 열에 파괴되기 쉽기 때문에 생으로 먹는 것이 효과적이다. 봄에 주로 나오는 달래는 비타민, 칼슘, 칼륨이 많이 들어 있는 식품으로, 생으로 먹어야 영양소 파괴를 방지할 수 있다. 깻잎과 상추도 쌈처럼 생으로 먹는 것이 영양소 흡수에 더 효과적이다.

약과 함께 먹으면 안 되는 음식

식품들끼리도 문제가 되겠지만, 약과 함께 먹으면 안 되는 음식도 있다. 감기에 걸린 아이에게 감기약을 먹인 후, 쓴맛을 없애기 위해 초콜릿을 주는 경우가 있는데 이것은 좋지 않은 행동이다. 초콜릿에 있는 카페인 성분과 약에 있는 카페인 성분이 배가되어 불면, 구토, 위장 관련 부작용이 생길 수 있다.

빈혈약, 비타민제와 함께 먹으면 안 되는 음식으로 녹차나 홍차가 있다. 녹차나 홍차에 들어있는 '탄닌' 성분이 빈혈약이나 비타민에 들어있는 철분의 흡수를 방해하기 때문이다.

변비약, 항생제와 함께 우유를 먹어도 안 된다. 변비약이나 항생제는 우리 몸의 대장까지 갈 수 있도록 코팅이 되어 있는데, 우유가 이 코팅 성분을 손상시켜 장에서 녹아야 하는 약이 위에서 녹아버려 약효가 떨어지게 된다. 약을 먹는 가장 좋은 방법은 물과 함께 먹는 것이다.

공복에 좋은 음식

공복에 좋은 음식으로는 달걀, 감자, 당근, 사과, 오트밀, 베리류, 견과류, 양배추가 있다. 달걀은 저칼로리 고단백 식품으로 에너지 생산에 도움을 주고, 면역력 강화, 스트레스 감소, 두뇌 건강 증진 등의 다양한 효능이 있다. 감자는 녹말 성분이 코팅 역할을 해주기 때문에 위를 보호해준다. 감자에는 비타민과 탄수화물이 함유되어 있어, 하루에 필요한 에너지를 만들어준다. 또 포만감이 좋은 식품으로서 다이어트에도 좋기 때문에 공복에 삶아서 먹는 것이 좋다.

당근에는 섬유질과 베타카로틴 이외에도 비타민이 풍부하여 공복에 섭취 시 혈압을 조절해주는 효능이 있다. "아침에 먹는 사과는 금사과"라는 말이 있듯이, 사과를 껍질째 먹으면 장운동이 활성화되어 변비 해소에 도움이 된다. 사과에는 항산화 물질도 풍부하여 피부미용과 노화방지에도 좋다. 다른 곡물들에 비하여 식이섬유, 필수아미노산, 단백질 등 건강에 좋은 영양이 풍부한 귀리를 납작하게 만들어 먹기 편하게 가공한 오트밀은 공복에 먹게 되면 위장에 좋지 않은 산 성분을 막아주는 역할을 한다. 또한 수용성 섬유질이 풍부하여 혈관 속의 콜레스테롤을 낮추는 효과가 있어 아침 식사 대용으로 오트밀을 먹으면 좋다. 특히 아침으로 밥을 먹기 싫어하는 아이들에게 오트밀은 훌륭한 식사 대용이 된다.

블루베리, 아사이베리, 라즈베리, 아로니아 등의 베리류에는 항산화 물질이 풍부하여 혈압과 신진대사를 조절해주고 기억력 증진에 도움을 준다. 베리류는 공복 상태에서 섭취할 경우 효과가 더 잘 나타난다.

아침에 오트밀을 먹는 아이에게 섞어주면 좋은 대표적인 식품이 견과류다. 견과류에는 3대 영양소인 탄수화물, 지방, 단백질을 비롯하여 미네랄, 항산화 성분이 매우 풍부하게 함유되어 있어 균형 잡힌 한 끼 식단으로 훌륭하다. 또 공복에 견과류를 먹으면 소화기능을 향상시켜주고, 위의 pH밸런스를 맞춰주는 효과가 있다.

양배추는 위장 점막 강화에 큰 도움을 주어 각종 위장질환, 대장질환 환자들에게 특히 좋은 식품이다. 양배추에는 각종 영양소가 풍부한데, 특히 식이섬유와 섬유질이 많아 공복감 해소에 효과적이다. 아이들의 경우 양배추 샐러드를 이용하면 아삭한 식감에 단맛이 더해져 아침에도 부담스럽지 않게 먹을 수 있다.

공복에 좋지 않은 음식

공복에 좋지 않은 음식으로는 고구마, 바나나, 우유, 두유, 토마토, 귤, 감이 있다. 특히 고구마의 경우에는 다이어트를 할 때 식사 대신 삶은 고구마를 먹는 경우가 흔한데, 고구마에 있는 탄닌 성분이 위벽을 자극해 더욱 많은 위산을 분비하게 만든다. 따라서 위장 질환을 앓고 있는 경우 속 쓰림이나 통증을 느낄 수 있다. 당뇨 환자라면 공복에 삶거나 구운 고구마를 섭취할 경우 혈당이 급격히 올라갈 수 있기 때문에 위험할 수 있다.

바나나도 대표적인 아침 식사 대용 과일이다. 고구마와 마찬가지로 포만감을 주고 변비 해소에도 효과가 좋아 다이어트 식품으로도 인기가 많다. 그리고 숙면을 하지 못하는 사람들에게 '수면 유도제'의 역할도 한다. 아이들도 좋아하는 과일이라서, 아침에 밥 대신 우유에 바나나를 넣고 갈아서 한 끼 식사 대용으로 주는 경우가 많다. 하지만 바나나를 공복에 먹게 되면 바나나에 들어 있는 마그네슘이 문제가 될 수 있다.

바나나 한 개에는 48mg의 마그네슘이 들어 있는데, 공복에 먹게 되면 우리 몸에 마그네슘 흡수가 급증하여 혈액 내 마그네슘과 칼슘 성분의 균형이 깨지게 된다. 심혈관에 억제 작용을 일으킬 수 있어 건강에 좋지 않다.

공복에 마시는 우유도 그다지 권장하지 않는다. 공복에 우유를 마시면 우유에 들어 있는 칼슘과 카제인이 위산 분비를 촉진시켜 위벽을 자극하게 된다. 또한 우유에 있는 단백질이 열량으로 전환

되어 소모되기 때문에 단백질의 영양 가치는 없어지게 된다. 우유나 유제품을 먹으면 설사나 복통이 오는 사람들이 많은데, 한국인은 유당분해효소가 적기 때문에 설사, 복통, 장염 등의 증상이 나타난다면 우유를 섭취하지 않는 것이 좋다. 두유도 우유와 마찬가지로 단백질의 영양 가치가 없어지기 때문에 공복을 제외한 시간에 먹는 것이 더 좋다.

토마토는 산성이 강해서 공복에 섭취하면 위궤양이나 복통 등을 유발할 수 있다. 귤에도 유기산, 구연산 등이 있어 공복에 섭취하게 될 경우 위산이 급격하게 증가하게 되며, 위 점막에 자극을 주어 위를 쓰리게 할 수 있다. 감은 펙틴과 타닌산 성분이 있어 위산과 화학반응을 일으키면서 소화불량으로 인한 위장장애를 일으킬 수 있다.

식품첨가물
억제하는 법

비엔나소시지를 데친 이유

학교 영양사가 된 지 얼마 안 된 초창기에 나는 업무를 익히느라 바빠서 조리과정에 신경 쓸 여유가 없었다. 그러다 우연히 비엔나소시지 조리과정을 보게 되었다. 그날 메뉴는 '비엔나소시지케첩조림'이었다. 최근에는 칼집비엔나도 있지만, 그때만 해도 비엔나소시지를 주문하면 학교에서 수작업으로 칼집을 내야 했다. 칼집 낸 소시지에 채소를 넣고 볶나 싶었는데, 갑자기 소시지를 뜨거운 물에 데치고 있었다.

급식이 끝난 후 조리사님께 왜 소시지를 데쳤는지 물어봤다. 당시 조리사님은 별다른 이유나 설명 없이 햄 종류를 조리할 때는 데치는 것이 일상화되어 있다고만 답하셨던 기억이 있다.

그리고 1년쯤 흘렀을 때 햄 종류 조리과정에서 뜨거운 물에 데치는지 조사하는 공문이 내려왔다. 조리과정에서 햄에 있는 식품첨가물을 제거하고 있는지 확인하는 공문이었다. 그제야 나는 당시 조리사님이 비엔나소시지를 데쳤던 이유를 알게 되었다. 그리고 햄이나 소시지를 데칠 때 그대로 데치는 것보다 안에 칼집을 넣고 데치는 것이 속 안에 있는 식품첨가물 제거에 더 좋다는 것도 그때 배우게 되었다. 그때부터 나는 식품첨가물에 관심을 갖기 시작했다. 첨가물이 어떤 것이기에 공문까지 내려보내며 확인하는지 알고 싶었던 것 같다.

식품첨가물이란?

식품첨가물이란 단어 그대로 '식품에 첨가하는 물질'을 말한다. 우리가 즐겨 먹는 식품 중에는 식품첨가물이 들어 있는 경우가 많다. 특히 가공식품과 식품첨가물은 떼려야 뗄 수 없는, 바늘과 실 같은 관계라고 보면 된다. 예컨대 햄, 소시지, 단무지, 편의점 즉석식품 및 간편식, 라면, 빵, 어묵 등 다양한 식품에 식품첨가물이 들어 있다.

〈식품위생법〉 제2조 제2호에 따르면, "식품첨가물은 식품을 제조, 가공, 조리 또는 보존하는 과정에서 감미(甘味), 착색(着色), 표백(漂白) 또는 산화 방지 등을 목적으로 식품에 사용되는 물질"로 정의하고 있다. 우리가 흔히 방부제로 알고 있는, 식품의 부패를 방지하는 보존료도 식품첨가물이다. 또한 식품의 색을 유지·향상시키는 착색료, 맛을 내는 데 사용되는 감미료, 고유의 향을 살리고 식욕을 돋우는 착향료, 빵을 부풀리는 데 사용하는 팽창제, 비타민·미네랄 등 영양소를 채워주는 영양강화제도 모두 식품첨가물이다.

이 밖에도 식품첨가물의 종류는 다양하다. 식품첨가물은 우리가 먹는 식품을 좀 더 맛있고 먹음직스럽게 보이게 하고, 오랫동안 안전하게 보존할 수 있도록 하는 역할을 한다. 식품첨가물의 사용으로 다양한 식품의 개발을 가능하게 함으로써 우리가 먹는 식품의 종류가 좀 더 풍성해질 수 있다. 식품첨가물이 없다면 빵, 라면, 탄산음료 등 우리가 흔히 먹는 식품을 먹기가 힘들어질 것이다.

식품첨가물이 건강에 미치는 영향

아직까지도 식품첨가물에 대한 논란이 분분하다. 어떤 사람들은 식품에 허용된 만큼 먹어도 상관없다고 생각한다. 또 다른 사람들은 식품첨가물은 화학물질이기에 우리 식생활을 위협하는 존재라고 생각한다. 식품첨가물은 엄격한 기준에 근거하여 안전성이 입증된 성분에 대해서만 사용할 수 있도록 하고 있다. 안전을 위해 섭취량을 제한할 필요가 있는 경우에 일일 섭취 허용량(ADI, Acceptable Daily Intake)을 정하여 관리하고 있다.

일일 섭취 허용량(ADI)은 동물실험을 통해 동물들이 평생 먹어도 안전한 양을 찾은 후, 사람에게는 안전계수 100을 적용하여 그 양의 100분의 1 수준으로 섭취할 수 있도록 설정한 양이다. 실제

가공식품에는 일일 섭취 허용량보다 훨씬 더 적은 양을 사용한다. 그렇지만 식품첨가물이 기준치 이하라도 장기간 섭취하면 부작용이 생길 수 있다고 우려하는 사람들도 있다.

여러 가지 식품첨가물이 함유되어 있는 식품의 경우, 다양한 식품첨가물을 동시에 섭취한 경우, 각각의 사람들에게 어떠한 영향을 미치는지에 대한 연구 결과는 없기 때문에 부정적 영향을 미칠 수도 있다고 주장한다.

식품에 있는 식품첨가물을 전혀 섭취하지 않을 수는 없다. 그러나 간편하고 맛있다고 가공식품 위주로 과다하게 섭취하기보다는 영양의 균형을 위해 자연식품도 함께 섭취해주는 것이 좋다.

식품첨가물 섭취를 줄이는 방법

식품첨가물이 일일 섭취 허용량만큼 들어있다 해도 아직은 논란이 있기 때문에 식품첨가물을 제거할 수 있는 방법을 알아두는 것이 좋다. 아이들은 어른들보다 면역력이 약하기 때문에 조금 번거롭지만 가급적 식품첨가물을 제거하여 섭취할 수 있도록 해주는 것이 현명한 방법이라 할 수 있다.

아이들이 좋아하는 단무지에는 노란색을 만드는 착색료뿐 아니라 감미료, 사카린나트륨이 포함되어 있다. 이러한 식품첨가물은 소화기·콩팥 등에 부작용을 일으킬 수 있기 때문에 단무지를 찬물에 5분 정도 담근 후 식품첨가물을 제거하고 섭취하면 좋다.

어묵은 대부분의 제품에 소르빈산칼륨이 함유되어 있다. 이것은 세균 번식을 억제하고 보존 기간을 늘려주는 첨가물이다. 부작용으로는 중추신경마비, 출혈성위염, 염색체 이상, 피부 점막 자극 등이 있다. 어묵의 경우 뜨거운 물에 살짝 데친 후 헹구는 것으로 식품첨가물을 제거할 수 있다.

옥수수통조림에는 방부제, 산화방지제가 들어 있는데, 이것도 역시 중추신경마비, 출혈성위염의 부작용이 있다. 옥수수통조림의 경우 체에 받치고 흐르는 물에 씻은 후 사용하면 된다.

맛살에는 착색제, 산화방지제가 들어 있는데, 콩팥장애, 생식기장애의 부작용이 있다. 맛살은 찬물에 5분 정도 담근 후 흐르는 물에 씻어서 사용하면 된다.

두부에는 응고제, 소포제, 살균제가 포함되어 있는데, 이것은 피부염이나 고환이 위축될 수 있는 부작용이 있다. 두부의 경우 찬물에 10분 정도 담근 후에 흐르는 물로 씻은 후, 유리용기에 담아 냉장보관을 하면 된다.

햄, 소시지에는 발색제, 아질산나트륨, MSG, 타르색소 등이 첨가되어 있는데, 식품첨가물로 많이 섭취하게 되면 구토, 호흡곤란, 어린이 집중력결핍, 천식, 우울증, 뇌손상이 올 수 있다. 햄이나 소시지의 경우 칼집을 내어 뜨거운 물에 1~2분 정도 살짝 데친 후 사용하면 된다. 통조림 햄의 경우 위에 있는 노란 기름을 걷어내고 뜨거운 물에 데쳐서 사용하면 좋다.

식빵은 보존료인 프로피온산이 함유된 경우가 많은데, 이것은 휘발성이기 때문에 토스터기, 팬, 오븐에 굽거나, 전자레인지로 살짝 데워 먹으면 좋다. 마트에 있는 잘라놓은 연근에는 갈변을 막기 위해 아황산계열의 식품첨가물이 사용된다. 이것은 요리하기 전 소금물에 담가 제거한 후 사용하면 된다. 라면에는 주로 인산나트륨과 산화방지제가 들어있다. 면에 주로 있기 때문에, 면만 삶은 후 찬물에 헹궈 새롭게 끓인 물에 스프와 면을 넣고 조리하면 좋다.

식품에 들어 있는 방부제, 산화방지제, 발색제 등의 첨가물은 다량 섭취 시 발암 위험성이 있기 때문에 가공식품의 섭취를 줄이는 것이 가장 좋다. 또한 신선한 채소, 과일을 함께 섭취해주는 것이 좋다.

식재료 고르고 다듬는 법

좋은 식재료로 건강한 식탁을 만든다

학교에서 점심을 먹으면 어떻게 조리해도 다 맛이 좋다고 느껴진다. 조리사님이 건강하고 맛있게 조리해주기 때문이기도 하지만, 그중 첫째는 좋은 식재료 때문일 것이다.

식재료 오염으로 인한 식중독이 발생할 수 있기 때문에 학교에서의 검수 과정은 매우 까다롭다. 검수 온도계로 식재료의 내부 온도를 측정하고 식품의 원산지, 품질 상태 등을 매우 꼼꼼하게 확인한 후 입고를 할 수 있다.

벌써 10년째 식품을 검수하다 보니, 이제는 슬쩍만 봐도 식품의 무게나 상태를 알 수 있을 정도다. 많은 양의 식재료를 한꺼번에 구입하는 경우에는 식재료를 어떻게 보관하는지에 따라 각각의 식재료에 들어 있는 영양성분이 증가하는 경우가 있고, 맛과 영양이 떨어지는 경우가 있기 때문에 식품을 구매할 경우에 보관법도 잘 확인해야 한다. 가정에서도 식품을 선택할 때 꼼꼼한 확인이 필요하다.

육류는 '때깔'이, 생선은 '탄력'이 좋아야 한다

육류의 경우 붉은색이 선명한 것이 좋다. 먹을 만큼만 구매해서 바로 먹는 것이 가장 좋지만, 조금 여유 있게 구매를 하였거나 먹고 남았을 경우에는 보관 방법에도 신경 써야 한다.

국거리로 사용할 고기는 소분하여 덩어리째 얼려 보관하는 것이 좋다. 구이용 고기의 경우 한 번 먹을 만큼의 양을 펼쳐서 비닐이나 랩으로 감싸 공기와의 접촉을 차단하여 냉동 보관하는 것이 좋다. 냉동과 해동을 반복하게 되면 육류의 품질이 저하되기 때문에 사용할 만큼 소분하여 보관해야 한다. 육류를 급속해동하게 되면 육즙이 많이 빠져나가기 때문에 가급적 냉장실로 옮겨 천천히 해동하는 것이 좋다.

생선의 경우 눈알이 선명하고 배 부분이 팽팽하고 탄력 있는 것이 신선한 것이다. 생선은 구매 즉시 손질하여 보관하는 것이 좋다. 손질법은 내장과 아가미를 제거한 뒤, 잘 씻어서 소금을 조금 뿌린 후 용도에 따라 적당한 크기로 토막 내어 보관하는 것이 좋다. 손질이 어려운 경우 이미 손질되어 있는 생선을 구매하는 것이 편리하다.

채소는 심어진 상태로 보관하자

채소는 시들지 않고 색이 선명한 것이 좋다. 대부분의 채소는 심어져 있는 상태로 보관하는 것이 제일 좋다. 예를 들어 배추, 무, 대파의 경우 뉘어서 보관하는 것보다 심어져 있는 모양처럼 보관하는 것이 더 오래 보관할 수 있는 방법이다.

잎채소의 경우 신문지로 돌돌 말아 물을 뿌려 위생비닐에 담아 보관하면 신선함을 좀 더 오래 유지할 수 있다. 뿌리채소는 씻지 않은 채로 얇은 종이에 싸서 시원한 곳에 보관한다. 감자의 싹에는 '솔라닌'이라는 독소가 있기 때문에 감자를 구매할 때 싹이 없는 것을 구매해야 한다. 채소의 손질이 귀찮거나 손질 중에 나오는 폐기물을 처리하기가 쉽지 않은 경우, 조리시간을 단축해야 하는 경우에는 이미 손질되어 포장된 제품을 구매하는 것도 좋은 방법이다.

사과와 시금치는 같이 보관하지 말자

과일도 종류에 따라 다르겠지만, 가급적 색이 선명하고 상태가 좋은 것을 고르면 된다. '에틸렌 가스'를 방출하는 과일은 다른 과일이나 채소와 함께 보관하면 안 된다. 에틸렌이라고 하는 기체 형태의 식물 호르몬이 있는데, 이것은 과일의 성숙과정에서 나오게 된다. 에틸렌 가스를 발생하는 과일에는 사과, 복숭아, 키위, 망고 등이 있다. 예를 들어 사과를 잎채소인 시금치와 함께 보관하면 시금치의 잎이 누렇게 변하면서 맛이 없어지게 된다.

반면에 딱딱한 감처럼 덜 익은 과일을 익힐 때는 사과와 함께 두면 좋다. 에틸렌 가스는 감자의 싹을 나지 않게 해 사과와 감자를 함께 보관하면 감자를 좀 더 오래 보관할 수 있게 된다.

가공식품은 뒷면을 보자

가공식품의 경우 먼저 유통기한을 살피고, 제품의 팩이나 포장 상태를 확인한 후 구입한다. 개인적으로 햄이나 맛살과 같은 가공식품을 구입할 때는 뒷면에 있는 원재료명 및 함량 표시를 꼭 확인한 후 구매하는 습관이 있다. 같은 햄 제품이라도 제품을 만든 회사마다 원재료와 혼합 함량이 다르기 때문이다.

우유도 마찬가지다. 같은 흰 우유라도 제조사마다 원재료명 및 함량이 다르다. 우유도 원유 100%의 우유가 있고, 환원유(탈지분유)와 원유를 혼합한 우유도 있다. 개인마다 맛과 선호하는 취향이 다르기 때문에 어떤 것을 선택하느냐는 소비자의 판단에 달려있지만, 뒷면의 성분을 확인한 후 나에게 맞는 바람직한 제품을 구매하는 것이 현명하게 식품을 선택하는 방법이라 할 수 있다.

물건 구입, 청결 모두 순서와 기본이 있다

마트에서 물건을 구매하는 순서도 중요하다. 상온에 있는 식품부터 냉장·냉동식품 순으로 구매하는 것이 좋다. 냉장이나 냉동식품을 먼저 구매하면, 다른 것을 구매하는 동안 제품이 녹을 수 있으니, 냉장·냉동식품을 가장 나중에 구매하는 것이 좋다.

좋은 식품을 선택하여 보관하는 것만큼 식품을 취급하는 용기나 기구의 청결도 중요하다. 아무리 좋은 식품을 사용한다 해도 식품을 취급하는 용기나 기구가 오염되어 있다면 식중독의 위험이 있기 때문이다. 가정에서의 주방은 높은 습기나 온도로 인해 세균이 번식하기 매우 좋은 환경이다. 면역력이 약한 어린아이들을 기르는 가정에서는 더욱더 주방 위생에 신경을 써야 한다. 주방에서 사용하는 칼, 도마, 행주, 전자레인지, 밥솥 등 여러 가지 용기나 기구는 깨끗이 세척하여 항상 청결하게 관리해야 한다.

가정에서도 '선입선출' 원칙을 지킨다

학교에서 물건을 구매한 후에는 선입선출의 원칙을 지켜서 보관한다. 선입선출이란, 먼저 입고된 식품을 먼저 출고시키는 것이다. 물건을 창고에 보관할 때 번거롭더라도 먼저 구매한 식품을 앞에 두고, 나중에 구매한 식품을 뒤에 보관하여 앞에서부터 사용할 수 있도록 하는 시스템이다.

실제로 학교 현장에서는 선입선출 시스템이 정착되어 현재까지도 잘 지켜지고 있다. 학교 시스템을 알고 난 후 우리 집 냉장고를 대대적으로 청소한 적이 있다. 냉동실에는 얼마나 오래되었는지 알 수 없는 식품들이 많았고, 냉장실 안쪽에서 오래되어서 먹지 못할 음식이 나오기도 했다.

지금은 대부분 보관용기를 투명하게 바꿔서 냉동실이나 냉장실을 열었을 때 식품을 찾기 쉽게 해놓았다. 또 식재료 사이의 교차오염 방지를 위해 육류, 생선, 과일, 채소를 구분해서 보관하고 있다. 한 번 깨끗이 청소한 후에는 주기적으로 관리하기가 더 쉬웠다.

내 나름의 선입선출 방법을 응용해 식탁을 차리는 방법이 있다. 직장생활을 하다 보니 나는 주로 주말에 장을 봐서 다음 주에 먹을 음식을 한다. 좀 힘들더라도 주말에 음식을 좀 다양하게 준비하는데, 나름의 방법이 있다. 예를 들어 연근조림, 멸치볶음, 시금치나물, 숙주나물, 오이도라지무침, 소시지전을 주말에 만들었다고 하자. 같은 반찬을 한 번에 다 식탁에 올리는 것이 아니라, 월요일 아침에는 시금치나물, 멸치볶음, 오이도라지무침을 올렸다면, 화요일 아침에는 소시지전, 숙주나물, 연근조림을 올리는 것이다.

때에 따라서는 빵이나 우유, 과일, 토스트, 시리얼을 활용할 때도 있다. 그러면 매일 같은 음식을 먹고 있다는 느낌이 들지 않는다. 가급적 오래 보관할 수 있는 음식은 좀 늦게 식탁에 올린다. 그리고 만들어놓은 음식을 접시에 덜어서 먹게 되면 통째로 놓고 먹는 것보다 좀 더 오래 보관할 수 있다.

가정간편식, 밀키트를 고르고 활용하는 법

가정간편식 활용하기

요즘 1인가구가 늘어나고, 코로나19로 인해 밖에서 외식을 하기 힘든 상황에서 가정간편식(HMR)이나 밀키트(meal kit)를 활용한 집밥 문화가 발전하고 있다.

HMR은 'Home Meal Replacement'의 약자로 흔히 가정간편식으로 번역된다. HMR 식품은 바쁜 직장인들이나 맞벌이 부부를 위한 트렌드 식품으로 점점 소비층이 넓어지고 있다. 샐러드처럼 바로 먹는 Ready-To-Eat, 국이나 찌개처럼 전자레인지에 데우거나 중탕하여 먹는 Ready-To-Heat, 볶음밥 같은 약간의 조리과정이 필요한 Ready-To-Cook 세 가지 형태로 세분화할 수 있다.

나는 아이에게 간식을 줄 때 자주 가정간편식을 활용한다. 아이가 좋아하는 떡볶이와 피자, 김밥 등은 가정간편식을 활용하면 시간도 절약할 수 있을 뿐 아니라 영양도 챙길 수 있다. 바쁜 생활

속에서 아이에게 분식집 배달을 시켜주기 꺼려질 때 활용해보면 좋다.

떡볶이는 여러 회사의 다양한 제품이 시중에 나와 있다. 매운맛부터 순한 맛, 쌀떡부터 밀떡, 국물이 자작한 것부터 짜장떡볶이까지, 실로 '가정간편식 떡볶이의 춘추전국시대'라 해도 될 정도다. 아이가 좋아하는 맛을 찾아 구비해놓으면 그때그때 간식으로 내놓기 충분하다.

피자는 집에 토마토소스(없으면 케첩이나 잼도 무방하다)만 구비해놓는다면, 식빵을 이용해도 좋고 토르티야를 이용해도 좋다.

김밥은 굳이 가정간편식을 이용하지 않고도 냉장고 안에 있는 재료로 쌀 수 있지만, 우엉이나 단무지, 맛살, 햄 등 김밥 재료만 모아서 파는 간편식을 활용한다면 5분 만에 뚝딱 두세 줄을 거뜬히 쌀 수 있다.

밀키트도 활용하자

가정간편식이나 배달음식에 질린 경우, 집에서 실패하지 않는 요리를 하고 싶은 경우 밀키트(meal kit)를 활용하면 좋다. 밀키트는 가정간편식과 조금 다른 형태로서, 식사라는 의미의 meal과 세트라는 뜻의 kit가 합쳐진 것이다. 손질되어 있는 정량의 재료와 레시피가 함께 들어있기 때문에 설명서에 적힌 대로 따라 하면 요리를 어렵지 않게 할 수 있다.

밀키트의 장점은 가정간편식보다 좀 더 신선한 재료를 섭취할 수 있다는 점이다. 일일이 마트에서 장 봐서 식재료를 손질할 필요가 없기 때문에 바쁜 현대인들의 시간을 절약할 수 있다. 양념까지 모든 재료가 들어있기 때문에 요리 솜씨가 없는 사람들도 맛을 내기 쉬우며 실패의 위험을 줄여준다.

대체로 아이들이 좋아하는 밀키트는 찹스테이크, 크림파스타 파네 등 주로 패밀리 레스토랑 메뉴가 많다. 요즘은 감바스와 타코 같은, 집에서 쉽게 조리하기 힘든 메뉴를 밀키트로 출시하고 있으니 다양한 메뉴로 즐기면 된다. 분위기 전환이 필요할 때, 홈 레스토랑으로 즐기면 된다.

밀키트 제품을 이용하면 식재료를 손질할 때 나오는 음식물 쓰레기의 양도 줄일 수 있다. 그러나 음식물 쓰레기 대신 비닐이나 플라스틱 포장 쓰레기가 많이 나와 환경에 좋지 않은 영향을 미친다. 게다가 보편화한 맛으로 입맛의 획일화를 가져올 수 있다. 가정간편식과 밀키트 모두 나트륨이 높은 경우가 많기 때문에 장기간 섭취하는 것은 바람직하지 않다.

건강한 영양을 고려하여 섭취하려면?

가정에서 가정간편식, 밀키트를 가지고 충분히 영양학적으로 균형 있는 식탁을 차릴 수 있다. 즉석조리식품과 신선식품을 함께 구매하는 방법이 그것이다. 요즘은 새벽배송, 콜드체인배송의 도입으로 신선식품 배송도 가능해졌다. 즉석조리식품에 신선식품(고기, 마늘, 양파 등)을 함께 넣어 조리를 하면 간편식에 부족한 영양을 채워줄 수 있게 된다.

밀키트나 간편식 제품에 부족한 과일이나 채소를 함께 주문하거나 곁들이면 다양한 영양분의 흡수를 도울 수 있게 된다. 또한 밀키트나 간편식을 섭취할 때 커피나 탄산보다 물, 보리차, 우유와 함께 섭취하는 것이 좋다.

외식이나 배달의 경우 가족들이 좋아하는 메뉴만 계속 먹지 말고, 골고루 다양한 메뉴를 선택하는 것이 좋다. 예컨대 한 번은 고기 외식을 하였다면, 다른 한 번은 채소가 많은 샤브샤브 외식으로 바꿔서 다양한 식품을 접하는 것도 좋다. 보쌈, 족발과 같은 메뉴를 배달하거나 외식할 경우에는 부족하기 쉬운 채소류(상추, 깻잎, 오이 등)와 탄수화물(국수, 밥 등)을 추가로 주문해서 함께 먹는 것이 좋다. 피자나 햄버거의 경우에도 곁들일 수 있는 과일이나 채소샐러드를 함께 섭취하는 것도 좋은 방법이다.

다양한 조리도구를 이용하여 식탁 차리는 법

바쁜 현대인의 삶에서 요리시간을 단축할 수 있다는 것은 굉장히 매력적인 일이다. 가족들의 식사를 챙겨야 하는 경우에는 어린 아이부터 어른까지 연령대가 다르다. 당연히 섭취해야 할 영양도 다르고, 입맛도 다르기 때문에 한 가지 메뉴로 통일해서 제공하기가 매우 어렵다. 이런 경우에는 집에 있는 다양한 조리도구를 활용하여 식사를 빠르게 준비할 수 있는 방법이 있다.

예를 들어 오늘 식사로 잡곡밥, 호박버섯된장찌개, 고등어구이, 달걀찜, 가지나물, 케이준샐러드, 배추김치로 메뉴를 정했다면, 메뉴가 다양하기 때문에 상을 차리는 데 많은 시간이 소요된다. 이런 경우, 가장 먼저 할 일은 잡곡밥을 씻어서 밥통에 넣고 취사 버튼을 누르는 일이다.

다음으로 가스레인지로 호박버섯된장찌개를 끓이고, 가지를 전자레인지에 넣어 돌린다. 전자레인지로 가지를 익히게 되면, 가지를 찜기에 올려서 하는 방법보다 훨씬 쉽고 빠르다. 익힌 가지는 큰 그릇에 담아 미리 준비해놓은 양념이나 시중에 파는 양념으로 살짝 무치면 된다. 고등어구이는 예열해놓은 오븐에 넣어 구우면 된다. 달걀찜도 전자레인지로 만들면 쉽고 빠르게 할 수 있다. 에어프라이어에 냉동치킨너겟을 넣고 살짝 돌려서 케이준샐러드를 만들어내면 된다.

이렇게 밥을 하는 동안 모든 메뉴를 쉽고 빠르게 준비할 수 있다. 집에 있는 조리도구만 잘 활용해도 간단하고 쉽고 빠르게 영양만점인 식탁을 차릴 수 있게 된다.

대부분의 밀키트식품에는 과일류, 우유 및 유제품류가 거의 없기 때문에 이것은 항상 추가적으로 보충해줘야 한다. 밀키트 식품은 조리가 쉽고 편하다는 장점이 있지만, 나트륨 과다 섭취의 문제가 있다. 밀키트 식품을 레시피대로 조리할 때 약간의 물을 첨가하

| 간편식 밀키트 활용 식단 |

밀키트 식품 종류	추가하면 좋을 메뉴	비고
감바스	곡류(파스타 면), 채소류(채소 반찬, 샐러드류)	감바스는 보통 새우, 마늘, 올리브오일을 이용하기 때문에 채소류가 부족해지기 쉽다. 감바스에 파스타면을 함께 넣어 먹어도 좋다.
밀푀유나베/ 쇠고기샤브샤브	곡류(칼국수 면, 밥)	요즘 구성품에는 면이 함께 추가된 경우가 많다. 칼국수 면이 싫다면 남은 육수에 밥을 볶아 먹어도 좋다.
곱창전골/ 부대찌개	곡류(밥, 면), 채소류(채소 반찬)	전골이나 찌개류에는 짜지 않은 채소 반찬을 곁들이는 것이 제일 좋다. 면이나 밥을 추가해서 다른 반찬과 함께 먹는 것이 좋다.
스테이크	곡류(밥, 면, 빵), 채소류	스테이크 고기만 먹지 말고 채소를 함께 굽거나 밥, 면, 빵과 같은 곡류를 추가해서 함께 먹는 것이 좋다.

거나, 함께 동봉된 소스를 덜 넣어서 짠맛을 조절하는 편이 좋다. 생일상 차림, 홈파티용, 캠핑용 등 밀키트 식품의 종류가 다양해지고, 다양한 식품군을 활용한 제품이 많기 때문에 필요에 따라 적절한 제품을 선택하는 것이 좋다. 단품의 밀키트 식품을 구매한다면 꼭 부족해지기 쉬운 식품군을 함께 식탁에 차려 식사를 하는 편이 좋다.

대부분의 외식 메뉴는 식품 구성이 한쪽으로 치우친 경우가 많다. 그렇기 때문에 외식 메뉴를 선택할 때 항상 같은 메뉴만 고집하지 말아야 하며, 다양한 메뉴를 골고루 섭취할 수 있도록 경험해 보는 것도 좋다.

예컨대 매번 외식 때마다 삼겹살이나 돼지갈비, 족발, 보쌈과 같이 고기만 먹는 것보다 한 번 삼겹살을 먹었으면 다음 번 외식 때는

| 외식 메뉴(배달 음식) 활용 식단 |

종류		곁들이면 좋은 식품	부족하기 쉬운 영양소	비고
면류	잔치국수/ 파스타/라면/ 쌀국수/ 짜장면/짬뽕/ 우동	고기류, 채소류, 과일류, 우유 및 유제품류	단백질, 비타민, 무기질	면과 같은 식품은 탄수화물이 주성분이기 때문에 다양한 영양소 섭취가 어렵다. 신선한 채소 반찬이나 고기류를 추가하면 좀 더 풍성하고 질적 영양이 높은 식단이 된다.
튀김류	치킨/탕수육/ 돈가스	밥 또는 면류, 채소류, 과일류, 우유 및 유제품류	탄수화물, 비타민, 무기질	탄수화물이 부족하고 단백질과 지방이 주성분이기 때문에, 탄수화물을 일정 부분 보완해준다. 채소나 과일을 함께 섭취하여 부족해지기 쉬운 비타민과 무기질을 충족시켜 줘야 한다.
고기류	족발/보쌈/ 삼겹살/ 갈비찜/닭갈비	밥 또는 면류, 채소류, 과일류, 우유 및 유제품류	탄수화물, 비타민, 무기질	주로 단백질로 구성되어 있기 때문에 단백질을 제외한 나머지 식품군을 다양하게 섭취해야 한다. 함께 곁들이기 위해 채소 쌈이나, 채소반찬, 밥을 추가하면 좋다.
기타	햄버거/피자	채소류, 과일류, 우유 및 유제품류	비타민, 무기질	탄수화물과 단백질, 채소가 어느 정도 균형이 있다고 생각되는 식품이지만, 그래도 채소와 과일이 부족하다. 그렇기 때문에 신선한 샐러드와 과일, 우유 한 잔과 함께한다면 더 좋은 식단이 된다.

채소와 고기를 함께 먹을 수 있는 쌈밥이나 샤브샤브를 먹는 것이다. 우리가 자주 먹는 외식 메뉴에 부족한 식품군이 무엇이 있는지 생각해보고, 부족한 식품군을 대체할 수 있는 방법을 찾아서 활용하면 훨씬 더 효과적인 외식을 할 수 있게 된다.

맛과 영양을
모두 챙긴 재미있는 식단

식단 짜기, 영양사도 어렵다

가끔 밖에서 사람들을 만날 때 영양사라고 직업을 소개하면 "식단 짜기 어렵지 않나요?"라고 묻는 경우가 많다. 영양사에게도 식단을 작성하는 일이 가장 큰일이다.

학교의 경우만 생각해봐도, 학생들마다 성별이나 학년이 다르기 때문에 각각 필요한 영양량이 다르다. 또한 학생과 교직원이 함께 있다 보니 연령별로 선호하는 식품도 모두 다르다. 한 끼의 식단을 작성할 때에도 가급적 중복되는 식재료 사용을 줄이고, 다양한 식재료를 접할 수 있도록 해야 한다. 또한 영양학적으로 탄수화물, 단백질, 지방과 같은 영양소의 비율을 맞춰야 하는 것과 함께 다양한 사람들의 입맛에도 신경을 써야 한다.

음식의 맛과 모양, 식단의 어울림과 조리법, 현장 상황 등 여러 가지 것들을 고려해야 하기 때문에 식단을 작성한다는 것은 영양사에게도 쉽지 않은 작업이다.

그렇지만 가정에서는 이 모든 것들을 고려하지 않아도 된다. 전문적인 영양사처럼 영양필요량을 산정하고, 1인 1회 섭취분량까지 생각해서 식단을 만들 필요까지는 없다.

누구나 균형있는 식사를 먹을 수 있다

이제 그동안 우리가 먹고 있던 식사에 대해 다시 생각해볼 필요가 있다. 대부분 가정에서 식사를 준비할 때 가장 쉬운 방법은 밥과 냉장고에 있는 반찬 몇 가지와 함께 국이나 찌개류를 내는 것이다. 혹시나 음식을 만들 여유가 있다면, 새로운 요리도 만들어 먹는다. 그럴 땐 같은 음식이 매번 식탁에 올라오는 경우도 많다.

냉장고에 있는 반찬도 어떨 때는 식재료만 다를 뿐 시금치나물, 숙주나물과 같이 채소로 만든 비슷한 음식일 때도 있다. 국이나 찌개도 한 번 끓여서 다 먹을 때까지 계속해서 먹는 가정도 있다. 요즘은 식사로 한식만을 고집하지 않기 때문에 때로는 빵이나 다른 음식으로 식사를 해결하기도 한다. 이러한 것들은 우리 가족의 건강을 위한 식사를 중요시하지 않은 결과이기도 하다.

'이게 과연 우리 가족의 건강을 위한 균형 잡힌 식사였을까?' 하고 고민해야 한다. '나는 영양사도 아니고, 우리 집은 단체 급식을 하는 것도 아닌데, 끼니마다 새로운 식사를 어떻게 만들어?'라고 생각할 수 있다. 실제로 매번 새로운 식사를 만들어낸다는 것은 현실적으로 매우 어려운 일이다.

그러나 앞에서 말한 식품구성자전거만 이해했다면 누구나 간편하면서 비교적 쉽게, 어느 정도 균형 잡힌 식사를 만들어낼 수 있다. 식품구성자전거를 구성하고 있는 다서 가지 식품군을 활용하면 영양학적으로 균형 잡힌 식사를 쉽게 만들어낼 수 있다.

예를 들어 곡류에 있는 식품으로 한 가지, 고기·생선·달걀·콩류에 있는 반찬 한 가지, 채소류에 있는 채소 반찬 한 가지, 과일류 한 가지, 우유 및 유제품류에 있는 식품 한 가지를 선택하면 된다. 그러면 식품구성자전거를 활용하여 다양한 식단을 쉽게 만들어볼 수 있다.

맞벌이 부부라면 이렇게

균형 잡힌 식단을 만들어 제공하기에 시간적 여유가 없는 맞벌이 부부나 매번 집에서 요리를 하기 어려운 경우, 우리는 때에 따라 배달음식이나 간편식 혹은 밀키트와 같은 외부 음식을 이용하게 된다. 하지만 이런 경우에도 식품구성자전거를 활용하여 어렵지 않게 균형 잡힌 식사를 만들어낼 수 있다. 외부음식인 밀키트나 배달음식, 간편식에 없는 식품군만 추가해서 식탁을 차리면 된다. 조리시간도 단축되며 빠른 시간에 풍성한 식탁을 차릴 수 있다.

예를 들어 오늘은 밀푀유나베 밀키트를 먹는다고 가정하자. 배송된 밀푀유나베 구성품을 보니 고기, 채소와 함께 나중에 끓여 먹을 수 있는 면도 들어 있었다. 그렇다면 여기에 없는 식품군인 과일과 우유 및 유제품류를 추가해주면 영양학적으로 좀 더 풍성한 식단을 이루게 된다. 물론 이렇게 만든 식단은 식품구정자전거에 있는 비율과 똑같을 수는 없기 때문에 아주 완벽한 식단이라 할 수는 없다. 그러나 외부음식에 포함되지 않은 식품군을 추가해줌으로써 어느 정도 균형 잡힌 한 끼 식사로 다양한 식품군을 골고루 섭취할 수 있게 된다.

또 다른 예로, 퇴근하고 집에 오면서 식빵과 리코타 치즈샐러드를 사왔다 가정하자. 여기에 없는 식품군을 추가하면 영양까지 고려한 식단이 된다. 집에 남은 달걀이 있다면, 삶아서 샐러드와 먹거나 달걀프라이를 해서 식빵과 함께 먹는 방법이 있다. 오렌지주스를 곁들여 먹거나, 후식으로 과일을 먹으면 어렵지 않게 균형 잡힌 한 끼 식사가 해결된다.

바쁜 일상에 아침을 거르고 출근하거나 학교에 가는 경우가 많은데, 가급적 빈속으로 나가지 않도록 하는 것이 가장 중요하다. 많이 바쁘다면 전날 미리 빵이나 죽이나 떡을 사다놓고 아침 이동시간에 먹는 것도 나쁘지 않다.

요즘에는 다양한 종류의 시리얼이 시중에 판매되고 있다. 비타민이나 무기질이 강화된 시리얼도 있다. 아침 식사에 다양하게 모든 식품을 골고루 섭취하기는 어렵겠지만, 가급적 부족한 부분을 보충해줄 수 있는 식품을 구성하여 먹는 것이 중요하다. 점심이나 저녁에 부족해지기 쉬운 식품군을 아침에 미리 먹어두는 것도 좋다. 예를 들면 하루 종일 과일을 먹을 일이 없는 경우, 아침에 간단히 과일(사과 한쪽)을 섭취해두는 것도 좋다. 하루 종일 신선한 샐러드를 먹을 일이 없는 경우에는, 아침에 신선한 샐러드를 미리 섭취하는 것도 건강 유지에 도움을 줄 수 있다. 요일별로 돌아가면서 아침을 선택해 먹을 수 있도록 다음 표를 참고해보길 바란다.

| 맞벌이 부부를 위한 아침 메뉴(예시) |

	메뉴(예시)	비고
빵류	빵(토스트, 모닝빵), 우유(두유), 달걀프라이(소시지구이), 샐러드, 과일(과일주스)	곡물빵, 소시지빵, 야채빵, 팥빵 등 빵에도 종류가 다양하다. 빵의 종류에 따라 곁들이는 사이드 메뉴를 달리 구성하여 아침 식사를 구성하는 것이 다양한 영양소 섭취에 좋다.
죽류	영양죽(쇠고기죽, 닭죽, 영양호박죽, 야채죽), 우유(두유), 샐러드, 과일(과일주스)	죽에도 종류가 다양하기 때문에, 종류에 따라 없는 식품군을 추가하여 섭취할 수 있도록 하는 것이 좋다.
떡류	떡(메떡, 찰떡, 영양떡 등), 샐러드, 과일(과일주스)	요즘에는 전자레인지에 데워서 바로 먹을 수 있는 떡도 있고, 말랑말랑해서 잘 굳지 않는 떡도 있다. 아침 식사를 챙길 여유가 없다면, 식사 대용으로 전날 미리 떡을 사놓은 후 아침 이동 중에 간단히 먹는 것도 좋다.
시리얼류	시리얼, 우유(두유), 삶은 달걀(훈제란), 과일샐러드	다양한 종류의 영양 강화 시리얼이 상품화 되어 있어서, 필요한 제품을 골고루 선택하여 먹는 것도 좋다.
감자류	찐감자(찐고구마), 베이컨샐러드, 과일(과일주스), 견과류를 넣은 요거트	아침에 시간적 여유가 있을 때는 찐감자샌드위치나, 감자오믈렛을 만들어 먹는 것이 찐감자만 먹는 것보다 더 좋다.
기타	미숫가루(단백질셰이크, 선식, 에너지바 등), 우유(두유), 과일, 샐러드	요즘은 단백질셰이크나, 미숫가루에도 여러 종류가 있기 때문에 필요에 의해 선택해서 먹는 것이 좋다.

비만한 아이를 위한
식단 조절법과 영양 상담

우리 아이, 성장 중일까? 비만일까?

비만이란 체지방이 비정상적으로 증가한 상태를 말한다. 즉, 몸에 지방조직이 과도하게 축적된 상태이다. 비만은 유전적·심리적·내분비적·환경적 요인 등 다양한 원인이 있을 수 있다.

비만 아동의 경우 성인이 되어서도 비만이 될 확률이 매우 높다. 비만의 경계에 속하는 성장기 아이의 경우 성장 중이라 살이 찌는 건지, 비만인지 인지하지 못하는 부모들도 있다. 이런 경우 아동의 신체계측을 통해 비만을 측정해보는 방법이 있다. 비만 판정지수로 가장 보편적으로 사용하는 방법에는 BMI(Body Mass Index)라는 체질량지수 측정법이 있다. 체질량지수(BMI)는 체중을 신장의 제곱으로 나누어(체중kg/신장㎡) 구한다.

대한비만학회에서 결과 값으로 나온 수치 평가 기준을 보면 18.5~22.9사이를 정상으로 본다. 18.5 미만은 저체중, 23~24 사이는 과체중, 25 이상은 비만으로 판정한다. 일일이 계산하기가 번거로울 경우 인터넷 검색창에 검색 후 입력만 해도 쉽게 구할 수 있다.

연령에 따라 비만 측정법도 다르다

BMI의 경우 신체지방함량을 잘 반영하기 때문에 보편적이긴 하지만, 좀 더 자세하게는 연령에 따라 비만측정법이 조금씩 다르다.

영유아 전기의 영양 상태 평가로 3개월에서 5세의(만 2세까지 가장 많이 사용) 경우 카우프지수(Kaup index)를 사용한다. 카우프지수의 경우 체중$(g)/[$신장$(cm)]^2 \times 10$으로 계산한다. 1세 미만의 경우 15 미만은 영양불량, 15~18은 정상, 18~20은 비만 경향, 20 이상은 비만으로 판정한다. 1~2세의 경우 14 미만은 영양불량, 14~17은 정상, 17~18.5은 비만 경향, 18.5 이상은 비만으로 판정한다.

학령기 아동의 경우 뢰러지수(Rohrer index)를 사용한다. 뢰러지수는 체중$(kg)/[$신장$(cm)]^3 \times 10^7$으로 계산한다. 학령기 아동에게 뢰러지수를 사용하는 이유는 신장에 따라 비만 기준치를 다르게 하기 때문이다. 신장이 110~129(cm)인 경우 180 이상이면 비만, 신장이 130~149(cm)인 경우 170 이상이면 비만, 신장이 150(cm) 이상인 경우 160 이상이면 비만으로 판정한다.

참고로 성인의 경우 BMI와 함께 브로카지수(Broca index)를 사용한다. 브로카지수는 표준체중과 자신의 실제 체중을 비교하여 비만도를 판정하는 것이다.

브로카지수의 표준체중 계산법은 신장이 161(cm) 이상일 경우 '신장−100 × 0.9'로 계산하고, 신장이 150~160(cm)일 경우 '신장-150 × 0.5 + 50'으로 계산하며, 신장이 150(cm) 미만인 경우 '신장−100'으로 계산한다. 그렇게 표준체중을 구하고 나면 (실제 체중-표준체중) ÷ 표준체중 × 100으로 해서 비만도를 계산할 수 있다.

비만도에 따른 결과는 −20 미만은 매우 마름, −20 이상 −10 미만은 마름·체중 부족 상태, −10 이상 10 미만은 정상, 10 이상 20 미만은 과체중, 20 이상은 비만, 30 이상은 중증도 비만, 50 이상은 고도 비만으로 판정한다.

비만한 아이를 위한 솔루션

식사요법

BMI 혹은 연령에 따른 비만측정법에 의해 비만의 수치가 나왔다면, 비만의 원인을 찾아야 한다. 즉, 우리 아이의 식습관과 가족력에 따른 유전요인인지, 성장하는 과정에서 오는 심리적 요인인지, 또는 육체적 활동 부족에 따른 환경요인인지, 내분비적 기능장애가 있는 것은 아닌지 세심하게 살펴봐야 한다.

다행히 육체적 활동 부족에 따른 환경요인이나, 잘못된 식습관의 경우라면 식사요법이나 운동요법을 통해 비만 치료가 가능하다. 그러나 심리적 요인이 원인이거나 내분비적 기능장애가 있다면 이것은 약물요법으로 치료를 해야만 한다.

    비만 아동의 식사요법은 섭취 열량을 제한하는 방법이다. 비만 정도에 따라 조금씩 다르겠지만, 식사의 횟수를 규칙적으로 정하고, 성장하는 아동의 필수영양소는 충족시킬 수 있는 식단으로 진행해야 한다. 간식은 가공식품이 아닌 신선한 채소나 과일로 섭취하며 천천히 꼭꼭 씹어 먹는 교육을 해야 한다. 균형 잡힌 영양을 섭취할 수 있도록 비만 아동의 부모들에게 식품의 종류나 양, 칼로리를 줄일 수 있는 조리 요령을 알려주는 상담을 함께 실시해야 한다.

운동요법

    식사요법과 함께 병행할 수 있는 운동요법이 있다. 운동으로 체중을 줄이는 것은 근육을 발달시키고 기초대사량을 늘려 살이 찌지 않는 체질로 만들어준다. 유산소 운동과 무산소 운동 모두 비만 조절에 효과가 있지만, 지방질을 직접 소모시키기 위해서는 오래 할 수 있는 유산소 운동이 효과적이다.

    일주일에 3~5회로, 시간은 1시간 이내로 하는 것이 좋다. 운동하기 직전과 운동 직후는 음식을 먹지 않는 것이 좋다. 살을 빼기 위해서는 공복에 운동하는 것이 효과적이다.

비만 아동을 위한, 칼로리를 줄이는 조리 요령

비만 아동에게는 음식을 먹는 순서도 중요하다. 칼로리가 높은 것부터 급하게 먹게 되면, 위에서 포만감을 느끼기 전에 이미 높은 칼로리를 섭취하게 되므로 가급적 칼로리가 낮은 식품부터 천천히 꼭꼭 씹어서 먹을 수 있도록 지도해주는 것이 좋다.

'살 덜 찌는 조리법'에서도 소개했듯이, 같은 식재료라도 조리법을 달리하면 칼로리를 낮출 수 있다. 튀기는 대신 볶거나 굽는 조리법을, 볶거나 굽는 조리법 대신 삶고 찌는 조리법을 선택하면 같은 재료와 양을 먹고도 칼로리는 낮출 수 있다. 아이가 닭고기를 좋아하지만 삶은 닭은 먹지 않는다면, 바삭한 식감을 위해 튀기는 대신 오븐이나 에어프라이어를 이용하여 비슷한 식감으로 조리해주는 방법이 있다.

식재료에서 높은 칼로리를 차지하는 부분을 없애고 조리하는 방법도 있다. 닭고기의 경우 껍질을 제거해서 조리하게 되면 칼로리를 좀 더 낮출 수 있다. 다른 육류의 경우에도 조리 전에 끓는 물에 삶아 지방을 녹이거나 기름진 부분을 제거하면 칼로리를 낮추는 효과가 크다.

주변 사람 및 가족들은 이렇게 도와주자

어른들도 혼자서 체중관리를 하기는 쉽지 않다. 그런데 아직 어린아이에게 체중관리를 위해 식단조절이나 운동을 스스로 하라고 하기에는 다소 무리가 있다. 비만 아동의 체중 관리를 위해서는 주변 사람들과 가족들의 도움이 필요하다. 같이 식사를 하는 가족들의 도움이 없다면, 아이가 스스로 동기를 부여해서 체중을 조절하기란 매우 어렵고 힘든 일이기 때문이다.

비만을 아이 혼자만의 문제로 인식하게 해서는 안 된다. 아이에게는 체중 조절을 하라고 하면서 나머지 가족들은 야식을 먹는다거나, 아이스크림이나 케이크와 같은 고열량 간식을 사먹으면 아이에게 좋지 않은 영향을 미치게 된다. 외식을 하는 경우, 다른 사람들 앞에서 아이에게만 음식을 제한하는 행동을 하게 되면 아이를 점점 위축되게 하여 사회생활에 지장을 주게 만들 수도 있다.

운동을 시킨다는 명목으로 밤에 혼자 운동하러 나가게 하거나, 줄넘기 100개 이상을 하게 하는 일방적인 지시는 오히려 아이에게 운동에 따른 스트레스를 받게 할 수 있다. 결국 비만 아동은 혼자서 체중 감량을 해야 한다는 것에 대한 책임으로 매우 힘들어할 수 있다.

가족들의 관심과 응원으로 비만 아동의 체중 감량을 함께 도와줘야 한다. 가족들과 함께 건강한 체중 조절에 대해 즐겁게 대화하며, 아이의 노력에 격려를 해줘야 한다. 함께 산책을 하며 가족 간의 이야기를 통해 좀 더 좋은 유대감을 형성할 수도 있다. 또, 음식을 만들 때나 식탁을 차릴 때도 아이가 옆에서 함께 돕게 되면, 그동안 잘 먹지 않았던 식재료에 대해 탐색할 기회가 생기게 되며 식재료에 좀 더 관심을 갖고 먹을 수 있게 된다.

비만 아동을 위한 식사행동 수정요법

　비만 아동의 경우 식사와 관련한 행동을 수정할 수 있는 몇 가지 자극조절방법을 생각해 볼 수 있다. 아래 비만 아동을 위한 식사 행동 수정요법 다섯 가지는 ㈜교문사 현대인의 질환과 생애주기에 맞춘 〈영양과 식생활〉에 나온 열 가지 식사 행동수정요법 중 간추린 내용이다.

- 하루에 세 끼를 꼭 먹고, 정해진 장소와 시간에 먹는다.
- 먹는 중에 다른 행동은 금지한다.
- 여유를 갖고 식사를 하고 배가 부르게 먹지 않는다.
- 한 번에 한 가지 음식을 먹는다.
- 식사가 끝나면 식탁을 바로 치우고, 음식을 보이지 않게 멀리 둔다.

　그리고 다음 표의 경우, 한국인 영양소 섭취기준으로 2020년 개정한 보건복지부 자료를 참조하여 연령, 신장, 체중 BMI, 에너지 필요추청량과 같이 필요한 부분만을 발췌하여 알아보기 쉽도록 만든 것이다. 이 표를 보면 연령 및 체중 신장에 따른 하루(일일) 칼로리 필요추정량을 알수 있다.

| 유아 |

연령	신장(cm)	체중(kg)	BMI(kg/m^2)	에너지(kcal/일) 필요추정량
1~2세	85.8	11.7	15.9	900
3~5세	105.4	17.6	15.8	1400

| 남자 |

연령	신장(cm)	체중(kg)	BMI(kg/m^2)	에너지(kcal/일) 필요추정량
6~8	124.6	25.6	16.7	1700
9~11	141.7	37.4	18.7	2000
12~14	161.2	52.7	20.5	2500
15~18	172.4	64.5	21.9	2700
19~29	174.6	68.9	22.6	2600
30~49	173.2	67.5	22.6	2500

| 여자 |

연령	신장(cm)	체중(kg)	BMI(kg/m^2)	에너지(kcal/일) 필요추정량
6~8	123.5	25.0	16.4	1500
9~11	142.1	36.6	18.1	1800
12~14	156.6	48.7	20.0	2000
15~18	160.3	53.8	21.0	2000
19~29	161.4	55.9	21.4	2000
30~49	159.8	54.7	21.4	1900

표를 활용하면 우리 아이 하루 에너지 필요추정량을 확인해 볼 수 있다. 만약 12~14세 사이의 여아의 경우 키가 156cm 정도이며 몸무게가 48kg이라고 가정한다면 아이의 하루 에너지 필요추정량은 표 범위 안에 있기 때문에 2,000kcal가 된다.

그렇지만 우리 아이의 연령이 9~11세 사이에 있는데 다른 아이보다 성장 속도가 빨라 키가 160cm이고 몸무게가 50kg 정도라고 하면 위 표를 보고 2,000kcal라고 추정해볼 수 있다. 그 이유는 9~11세라 할지라도 신장과 체중이 이미 연령대보다 높기 때문이다.

따라서 연령에 맞춰 에너지 필요추정량을 계산하는 것이 아니라, 신장과 체중, BMI를 확인한 후 하루 에너지 필요추정량을 산출하는 것이 맞다. 이 표에 있는 수치는 연령대에 맞는 평균 신장과 체중이라고 생각하면 된다. 우리 아이가 평균보다 작거나 클 경우에는 신장과 체중에 맞춰서 확인하면 된다.

칼로리표를 활용하자

농촌진흥청 국립농업과학원 '농식품올바로' 사이트의 국가표준식품성분표를 확인해보면 모든 식품에 대한 영양소 함량을 확인해볼 수 있는데, 음식에 대한 칼로리도 확인해볼 수 있다.

최근에 프랜차이즈 식당에 가면 음식별 칼로리표가 있기 때문에, 그것을 활용하는 것도 좋다. 사람마다 기초대사량과 체중에 따른 칼로리 소비량에 약간씩 차이가 날 수 있지만, 다음 표에서 보듯이 각각의 운동별 칼로리 소모량을 확인한 후 자신에게 맞는 칼로리 소비 운동을 하는 것이 좋다.

예를 들어 탕수육 190g을 먹게 되면 370kcal의 열량을 섭취하게 된다. 370kcal를 소비하기 위해서는 등산 또는 조깅 1시간을 하고도 테니스를 1시간 해야만 한다. 아니면 등산이나 조깅을 1시간 이상 해야지만, 먹은 칼로리를 소비할 수 있다.

| 칼로리표 |

음식명	칼로리kcal	음식명	칼로리kcal
쌀밥 1공기(210g)	300kcal	삼계탕(800g)	1000kcal
비빔밥(410g)	600kcal	부대찌개(700g)	400kcal
김치볶음밥(400g)	590kcal	콩나물국(250g)	50kcal
호박죽(210g)	250kcal	갈비탕(700g)	450kcal
전복죽(210g)	250kcal	순두부찌개(300g)	180kcal
닭죽(210g)	300kcal	청국장(300g)	140kcal
잔치국수(550g)	420kcal	알탕(700g)	340kcal
칼국수(550g)	500kcal	감자전(80g)	130kcal
짜장면(450g)	700kcal	탕수육(190g)	370kcal
돈가스(90g)	320kcal	닭강정(85g)	180kcal
스파게티(400g)	650kcal	배추김치(50g)	15kcal
깍두기(50g)	20kcal	총각김치(50g)	20kcal
콩나물무침(50g)	30kcal	가지나물(50g)	30kcal
도토리묵무침(80g)	50kcal	감자조림(75g)	120kcal

| 운동별 칼로리 소모량 – 국민체육진흥공단 |

운동 1시간	소모 칼로리
등산	196
조깅	196
수영	273
에어로빅	126
수상스키	200
테니스	176
농구/탁구	200
스키	186
볼링	90
배구	200
야구	180
줄넘기	224
농구	200
피구	102

식품 알레르기가 있는 아이의
올바른 식품 선택 방법

식품 알레르기가 면역을 해친다

내가 처음 학교에 근무한 10년 전만 해도 식품 알레르기는 생소한 단어였다. 그러나 지금은 상황이 전혀 달라졌다. 지금까지 우리 학교에서 실시한 식품 알레르기 조사의 결과를 보면, 연도별로 조금씩 다르긴 하지만 지금은 각 반마다 한두 명씩 있을 정도로 매년 식품 알레르기 학생은 증가하고 있다.

학교에서 식품 알레르기 학생들을 관찰하다 보니, 태어날 때부터 특정 영양소를 분해하거나 흡수하지 못해서 생기는 경우가 있고, 성장하면서 전에 없었던 식품 알레르기가 생기는 경우도 있었다. 생활습관이나 환경에 따라 식품 알레르기가 사라지는 경우도 있었다. 그래서 현재까지 식품 알레르기 조사 결과를 지속적으로 기록하여 학생들을 관찰하고 있다.

식품 알레르기란 특별한 음식물에 대해 우리 몸이 일으키는 면역체계 과민 반응이다.

학교는 2012년 9월부터 식품의약품안전처 고시 〈식품등의 표시기준〉에 따라 식품에 난류, 우유, 메밀, 땅콩, 대두, 밀, 고등어, 게, 새우, 돼지고기, 복숭아, 토마토, 아황산류, 호두, 닭고기, 쇠고기, 오징어, 조개류(굴, 전복, 홍합), 잣 등 스물두 가지 식재료에 대하여 함유된 양과 상관없이 식단표에 표시를 의무화하고 있다.

식품 알레르기 증상은 두드러기, 피부가려움증, 아토피, 습진, 구토, 설사, 복통, 두통, 비염, 천식, 아나필락시스(anaphylaxis) 등 다양하게 나타난다.

식품 알레르기 여부 확인 방법 및 예방법

편식과 식품 알레르기는 전혀 다른 것이다. 아이들의 경우 편식으로 인해 특정 음식을 먹지 않는 것인지, 식품 알레르기로 인한 것이지 정확히 구분해야 할 필요성이 있다. 편식의 경우 성장기 아이에게 꼭 필요한 필수 영양소가 들어있는 음식은 섭취를 해줘야 하기 때문이다.

그러나 식품 알레르기라면 어떤 식품에 민감한지 정확한 진단이 필요하다. 요즘은 병원에서 쉽게 검사를 할 수 있다. 병원에서 해주는 알레르기 검사에는 피부반응검사와 혈액검사 두 가지 방법이 있다. 피부반응검사는 결과가 바로 나오지만, 혈액검사는 검사 결과가 나오기까지 며칠 정도 소요된다. 병원에서 검사해보면,

식품 알레르기인지 다른 이유의 알레르기인지 정확히 알 수 있다.

만약 식품 알레르기가 있다고 진단받게 되면 해당 식품은 섭취하지 말아야 하며, 항상 알레르기 유발 물질 표시사항을 확인한 후 물건을 구매해야 한다. 외식을 하게 될 경우에도 해당 식품을 사용하는지 꼭 확인하고, 해당 식품을 사용한다면 제거해줄 수 있도록 요청한다. 혹시라도 알레르기 유발식품을 섭취하였다면, 최대한 빨리 병원에 가서 치료를 받는 것이 좋다.

식품 알레르기 아동의 식사요법

현재까지 식품 알레르기를 위한 방법은 해당 식품을 제거한 제거식(회피식)이다. 그러나 자라나는 아동에게 특정 식품을 제한하게 되면 영양 불균형과 성장 장애를 초래할 수 있다. 알레르기 해당 식품에 대한 대체식품을 찾아 섭취하여 영양 불균형을 예방할 수 있다.

우리 학교 학생들 중에는 달걀 알레르기를 가진 아이들이 몇몇 있다. 같은 식품 알레르기일지라도 어떤 아이는 전혀 달걀을 못 먹는 경우가 있고, 또 다른 아이는 달걀 흰자는 먹을 수 있는 아이도 있다. 또 심리적으로 음식에 있는 달걀만 봐도 두드러기가 나는 아이도 있었다. 달걀을 전혀 못 먹는 아이의 경우, 달걀로 만들어진 가공품까지 섭취 제한을 해야 하는 경우도 있다.

아이들은 달걀이 눈에 보이지 않으면 없다고 생각해서, 달걀이

들어간 케이크나 빵을 먹다가 병원 치료를 하게 될 수도 있다. 달걀을 섭취하지 못해서 영양결핍이 올 수도 있기 때문에 달걀과 비슷한 영양을 갖고 있는 다른 식품으로 대체식사를 해줘야 한다.

내가 학교에서 식품 알레르기 학생들을 관리하는 방법에는 여러 가지가 있다. 가장 먼저 아이에게 어떤 식품 알레르기가 있는지, 어떤 증상이 있는지부터 파악해야 한다. 다음으로 부모와 정확한 상담을 해야 한다. 부모와 상담할 때는 아이가 어떨 때 상태가 좋아지는지, 안 좋아지는지 모든 경우를 대비하여 꼼꼼히 체크해야 한다. 그리고 각각의 아이들에게 해당 식품에 어떠한 것이 있는지 꼭 당부를 해줘야 한다.

조리법만 바꾸어도 대체할 수 있다

처음 식품 알레르기 학생들을 관리할 때는 일단 무조건 그 식품을 제외하고 제공하였는데, 점차 식품 알레르기 학생들이 늘어남에 따라 나름의 관리 방법도 찾게 되었다. 달걀 알레르기를 가진 학생들과 상담하면서 달걀이 들어간 식품을 먹지 않도록 했다.

아이들은 달걀이 눈에 보이면 당연히 먹지 않았지만, 달걀이 눈에 보이지 않는 메뉴는 몰라서 먹으려고 하는 경우도 있다. 예를 들어 돈가스를 제공했는데, 돈가스 반죽에는 달걀이 들어간다. 달걀 알레르기 아이들은 돈가스를 먹으면 안 되는데, 다른 친구들이 먹는 걸 보면 먹고 싶어 한다. 그래서 달걀 알레르기 아이들을 위해 우리는 따로 돈가스 반죽을 할 때 달걀을 입히지 않고 물 반죽으로 돈가스를 만들어서 제공했다.

돼지고기 알레르기 학생도 있었는데, 함박스테이크에 돼지고기가 있는 경우 닭고기, 쇠고기, 두부 등으로 대체해서 똑같은 모양으로 만들어서 제공을 한다. 만두에는 돼지고기가 들어가는 경우가 많은데, 학교에서 만두를 제공할 경우에 모양이 같은 채식만두로 대체했다.

밀가루 알레르기 학생의 경우에는 부모 상담을 해보니 아이의 컨디션에 따라 반응이 다르다고 했다. 이 경우는 아이가 먹고 싶다고 했을 때 아이의 상태를 본 후 제공해도 된다고 했다. 식사 때 아이가 먹고 싶다고 하는 경우 담임선생님과 상담 후 조금만 제공한 후, 학교에서 아이의 상태를 관찰하고, 밀가루를 먹은 날에는 부모님께 꼭 알렸다. 밀가루 대신 쌀가루를 이용하여 음식을 조리하여 제공하기도 했다.

2020년에 입학한 1학년 여자아이는 부모 상담 결과 부침 종류를 조금씩 섭취하는 것은 문제가 없지만, 튀김류를 먹으면 금방 탈이 나서 병원 치료를 받아야 한다고 했다. 그 이후로 학교에서 튀김이 나오는 경우, 오븐을 이용하여 기름 없이 조리하여 제공하였다. 한 번은 부모님께서 아이가 아파서 병원을 갔다 왔다면서 학교에서 튀김을 먹은 것이 아니냐고 의심을 하셨다. 나중에 알게 되었지만, 아이가 집에 가는 길에 분식집 튀김을 먹고 싶어서 몇 개 사 먹은 것이 문제가 되었던 것이었다.

식품 알레르기가 있는 선생님의 경우도 아이들과 똑같이 관리를 했다. 메뉴에 따라 대체식을 만들기 어렵거나, 대체식이 없는 경우에는 그 음식을 제외하고 제공했다.

자녀에게 식품 알레르기가 있다면

학교에서는 식품 알레르기 안내는 꼭 해야 하지만, 해당 식품 알레르기 학생들에게 대체식을 제공해야 하는 의무는 없다. 식품 알레르기 학생들이 증가하고 있기는 하지만, 다양한 학생들을 개별적으로 고려하여 제공하기란 단체급식의 현실상 매우 어렵다.

모든 학교에서는 식품 알레르기에 대해 안내를 하고, 나름의 방법으로 관리를 하고 있다. 우리 학교 근처의 큰 초등학교의 경우에는, 부모 상담을 통해 해당 메뉴가 있는 경우 그 음식을 제외하고 제공하고 있다고 했다. 식품 알레르기로 인해 먹을 반찬이 없는 경우, 필요한 것만 제공하고 나머지는 가정에서 도시락으로 반찬을 보내주신다고 했다.

학교에서는 영양사가 관리를 하고 있지만, 식품 알레르기가 있는 학생의 부모들의 경우에는 해당 식품 알레르기의 대체식품으로 어떠한 것이 있는지 관심을 기울일 필요가 있다. 식품구성자전거를 활용하여 해당 식품군에 있는 다른 식품을 섭취하는 것을 권장한다. 예를 들어 고기·생선·달걀·콩류의 알레르기라면 해당 식품군의 다른 단백질 대체식품을 찾아서 섭취할 수 있도록 해주면 된다. 우유 및 유제품의 경우에도 해당 군에서 다른 대체식품을 찾아 섭취할 수 있도록 하면 된다.

또한, 식품을 구매하기 전에 식품에 무엇이 들어있는지 꼭 식품성분표를 확인하는 습관을 길러야 한다. 아이 눈에는 보이지 않아도, 식품에 알레르기 유발 물질이 있을 수 있으니, 해당 식품 알레르기가 있는 식품의 종류나 따로 성분을 확인할 수 있는 방법을 아이에게도 알려줘야 한다.

요즘 시중에는 식품 알레르기가 있는 사람들도 안전하게 먹을 수 있도록 특정한 유발식품을 제외하고 만든 식품들이 많아졌다. 예를 들어 글루텐프리(gluten-free) 식품, 달걀을 넣지 않은 빵, 밀가루를 사용하지 않은 케이크, 소화가 잘되는 락토프리(lactose-free) 우유 등과 같은 식품을 예전보다 쉽게 우리 주변에서 찾을 수 있다. 이러한 식품들을 적절히 활용하여, 성장기 학생들이 영양학적 균형을 잃지 않도록 하는 습관을 길러야 한다.

줄일수록 좋은 삼총사
나트륨, 당, 트랜스지방

단짠단짠에 고소한 것이 함정

세계보건기구의 하루 나트륨 권장량은 2,000mg으로 소금의 양으로는 5g 정도인데, 우리나라 사람들은 어른이고 아이고 할 것 없이 이미 권장량의 2배 이상 섭취를 하고 있는 것이 현실이다. '단짠단짠'이라는 말이 유행할 정도로, 짜고 단 음식을 선호하는 경향이 증가하고 있다.

그럴 수밖에 없는 것이 앞에서 말한 미각 때문일 수도 있다. 우리 미각은 점점 더 강한 자극을 선호하기 때문이다. 나트륨은 우리가 쉽게 알고 있는 소금에 들어있는 구성요소이다. 나트륨은 짠맛을 내며, 우리 몸의 수분평형을 맞추기 위해 필요한 성분이다. 당은 흔히 설탕이라고 생각하는 것이 가장 쉽다. 단맛이 있고, 우리 몸에서 에너지원으로 사용된다.

트랜스지방은 식물성기름에 수소를 첨가하여 고체 상태로 만든 것이다. 세계보건기구에서는 트랜스지방에 의한 열량이 1%를 넘지 않도록 권고하고 있다. 트랜스지방은 우리 몸에서 에너지만 낼 뿐 전혀 다른 도움을 주지 않는다. 나트륨, 당, 트랜스지방의 과잉 섭취는 우리 몸에 나쁜 영향을 미친다.

모르는 사이에 우리 집에 스며들다

내가 어릴 적부터 엄마는 살림을 하셔서 다양한 음식을 집에서 직접 다 만드셨기 때문에 어떤 음식도 다 잘하신다. 신선한 식재료로 만든, 믿고 먹는 엄마표 음식인데, 최근 엄마 집에 가서 밥을 먹었을 때 반찬이 다 너무 짜서 먹을 수가 없었다. 아빠와 엄마는 아무렇지 않게 맛있다고 드셨지만, 그날 나는 '내 입맛이 변한 건가?'라고 의아해하며 도저히 반찬을 먹을 수가 없었다.

나이를 먹을수록 미각이 둔해진다는 말이 맞는 것 같다. 단것도 잘 찾지 않으셨는데, 이제는 단 음식도 잘 드신다. 빵과 쿠키는 전혀 드시지 않았는데, 어느 날부터 식탁에 빵과 쿠키가 자주 있는 걸 보게 되었다. 남동생이 밖에서 자주 사다줘서 먹다 보니 맛있어서 가끔 생각난다고 하셨다. 부지불식간에 점점 더 강한 맛을 찾고 있었던 것이다. 입이 심심하다고 계속 과자나 쿠키를 찾고 계셨다. 이런 습관이 부모님 몸에 조금씩 스며들고 있었다.

가끔 어린 조카들이 놀러오면 할머니가 해준 음식을 맛있다고 한다. 어린 조카들 입맛에 달고 짜니 더 맛있게 느껴질 것이다. 밥 먹고 나서는 식탁에 있는 과자와 쿠키도 주신다. 어린 조카들이 할머니가 해주신 음식을 먹고 집에 가면 한동안 집에서 해주신 반찬을 잘 안 먹는다고 했다. 아마 할머니가 해주신 달고 짠 음식에 잠깐이나마 노출이 돼서 집에서 먹는 음식이 싱겁다고 느껴졌을 것이다.

잘 먹는 조카 중 1명은 신체계측결과 상위 97%라고 했다. 잘 먹는 것은 좋지만, 이제는 건강에 이상이 생길까 봐 걱정을 하고 있다. 이렇게 어린아이들이 어릴 적부터 짜고 단 맛에 노출되면, 그들이 성인이 되었을 때는 지금보다 더 많은 설탕과 소금을 섭취해야 할 것이다. 그래야 음식의 맛을 느낄 수 있을 테니까 말이다. 나트륨의 과잉섭취는 비만과 고혈압과 같은 질병을 유발한다. 당의 과잉섭취도 마찬가지로 비만과 당뇨와 같은 질병을 유발한다.

트랜스지방의 경우에는 아이들이 많이 섭취하게 되면 비만이나 주의력결핍 과잉행동장애(ADHD)를 유발할 수 있고, 어른들의 경우 동맥경화나 그에 따른 심혈관질환을 유발할 수 있다. 그러므로 어릴 때부터 나트륨과 당을 줄이기 위해 노력해야 한다.

학교에서 나트륨, 당, 트랜스지방 줄이기

학교에서는 아이들의 건강한 식생활 형성을 위해 나트륨, 당, 트랜스지방을 줄이기 위해 노력하고 있다. 나트륨을 줄이기 위해 모든 학교에 나트륨을 측정하는 기구인 염도계를 사용하고 있다.

국이나 찌개에 있는 나트륨의 양을 체크해서 적정 수준으로 제공하고 있다. 조림요리를 제한하고 구이로 전환하여 메뉴를 제공하기도 한다. 육류나 생선을 구울 때는 간을 하지 않고 구운 후, 먹기 직전에 소스와 함께 제공한다. 나트륨이 많이 함유된 찌개보다는 맑은 국을 더 자주 메뉴에 사용한다. 처음부터 나트륨 사용량을 급격히 줄여버리면 맛이 없어지므로, 단계별로 조금씩 줄여나가고 있다.

예를 들어 3월에 국의 염도를 0.6으로 제공하였다면, 한 달 후나 두 달 후쯤에는 0.5로 염도를 낮춰서 제공하면 크게 무리가 없다. 또한, 국이나 찌개가 뜨거울 때는 간을 잘 모르기 때문에 국이나 찌개류를 제공할 때도 적정한 온도를 유지할 수 있도록 하면 나트륨을 낮춰서 먹기 수월하다. 가급적 식품 자체의 맛을 이용하고, 소금 대신 간장, 고추장, 된장을 사용하거나, 카레와 같은 향신료, 식초, 참기름 등을 요리에 활용하면 나트륨의 섭취를 줄이기 쉽다. 나트륨 함유가 많은 칼국수나 우동의 경우, 생야채를 많이 첨가해서 조리하면 나트륨 섭취를 줄일 수 있다.

학교에서 당의 섭취를 줄이기 위해서는 물엿이나 설탕이 많이 들어가는 조림보다 구이나 볶음류를 식단에 활용하는 편이 좋다. 요즘에는 식품에 얼마만큼의 당이 있는지 체크할 수 있는 당도계가 구비되어 있는 학교도 있다. 우리 학교에서는 설탕 사용량을 낮추기 위해 과일을 갈아서 모든 요리에 사용하고 있다.

이 방법을 사용해보니 음식 맛도 증가하고, 1년을 비교해봤을 때 설탕 주문량이 확연히 줄었다. 부득이한 경우엔 물엿보다 조청이나 꿀, 매실청을 활용하였다. 트랜스지방을 낮추기 위해서 가급적 쇼트닝을 사용한 메뉴를 식단에 제공하지 않았다. 예를 들어 쇼트닝이 많이 함유된 쿠키나 빵 같은 경우, 항상 영양표시나 식품성분 함량을 확인한 후에 아이들에게 제공하고 있다.

가정에서 할 수 있는 방법은?

어린아이가 있는 가정뿐 아니라 모든 가정에서도 나트륨과 당, 트랜스지방을 줄이기 위해 노력을 해야 한다. 학교처럼 염도계나 당도계가 있는 가정이라면 기구를 활용하여 체크해볼 수 있지만, 염도계나 당도계를 구비하고 있는 가정은 흔치 않다. 가정에서 쉽게 할 수 있는 방법으로는 식품을 구매할 때 뒤편에 있는 영양정보 표시를 확인해보는 것이다. 영양표시에는 나트륨, 당류, 트랜스지방에 대한 함량이 표시되어 있기 때문에 식품 구매 시 활용하면 좋다.

소금 섭취를 줄이기 위해 집에서 조리 시 활용할 수 있는 방법으로는 학교에서처럼 조림보다 구이나 볶음류를 해 먹는 것이다. 찌개보다 맑은 국을 끓여 먹는 것도 하나의 방법이 될 수 있다. 햄의 경우 뜨거운 물에 데치게 되면 아질산나트륨도 제거되지만 나트륨 성분도 어느 정도 함께 빠져나갈 수 있다. 따라서 햄 조리 시 뜨거운 물에 데치는 것이 좋다.

생선이나 육류를 조리할 경우에는 밑간을 세지 않게 한 후, 소스를 얹어서 먹거나 따로 양념장에 찍어 먹게 되면 맛은 변하지 않고 소금 섭취량을 줄일 수 있다. 파프리카, 오이, 당근 같은 경우 스틱으로 만들어서 생으로 먹거나 양념장에 찍어먹으면 실제로 조리할 때 사용하는 소금의 양보다 적게 섭취할 수 있게 된다.

아이들의 경우 토마토케첩을 좋아해서 달걀말이를 먹을 때 찍어 먹는 경우가 많다. 달걀말이에 소금 간을 이미 했는데, 거기에 토마토케첩까지 찍어 먹으면 나트륨을 많이 섭취하게 된다. 이럴 경우 달걀말이 조리 시 소금 간을 전혀 하지 않는 방법이 있다. 아니면 조리 시 소금 대신 다른 채소를 함께 다져서 만들어 주는 경우 다양한 영양소를 함께 섭취할 수 있어서 더욱 좋다. 소금을 넣지 않은 달걀말이에 토마토케첩을 찍어먹거나, 다른 반찬과 함께 먹는 걸 추천한다.

가정에서 설탕 섭취를 줄이기 위해서는 가급적 설탕보다 과일과 같은 천연당을 활용하는 편이 좋다. 사과, 배, 홍시와 같은 과일을 설탕 대신 요리에 활용하면 맛도 보장되며 설탕 사용량도 줄일 수 있다. 미리 과일즙을 만들어놓고 사용하거나, 그것이 어렵다면 시중에 파는 사과즙, 배즙, 매실청 등을 활용해도 좋다. 아이들 간식의 경우 가급적 당 함유량이 적은 식품을 선택하는 것이 좋다.

부모들이 흔히 착각할 수 있는 것 중에 하나가 바로 유산균 음료인데, 유산균 음료는 우리가 생각하는 것보다 당이 많이 첨가되어 있다. 유산균 음료를 구매할 경우에는 영양정보표시를 잘 확인하여 구매하는 것이 좋다. 아이들 간식으로 유산균 음료를 많이 주는 것보다, 흰 우유나 제철 과일을 이용하는 것이 좋고, 가급적 집에서 직접 만든 간식을 주는 것을 추천한다.

트랜스지방의 경우 가정에서는 보통 제품으로 구매를 하게 된다. 그렇기 때문에 제품 구매 시 트랜스지방 함량을 꼭 확인하여 구매하는 것이 좋다. 아이들 간식의 경우 트랜스지방이 없는 제품을 구매하여 간식으로 사용하는 것이 좋고, 가급적 쿠키 종류나 쇼트닝을 많이 사용한 빵 종류를 간식으로 주지 않는 것이 좋다.

패스트푸드점에서 자주 사용하는 감자튀김은 트랜스지방 함량이 높다. 따라서 아이들 간식으로 감자튀김을 자주 주는 것은 적합하지 않다. 또한 감자튀김에 함께 찍어 먹는 토마토케첩의 경우 나트륨 함량이 높기 때문에 아이들 건강에 좋지 않다. 부모에게 시간적 여유가 있다면 감자튀김을 사주는 것보다 아이들 간식으로 감자나 달걀을 삶아주는 편이 우리 아이 건강에 훨씬 더 좋다.

4장

올바른 식습관을 위한 조언

식습관을 바로 잡기 위한 규칙

학교 단체 급식에서는 볼 꼴 못 볼 꼴 다 본다

학교에서 급식을 진행하다 보면 잘못된 식습관을 가지고 있는 아이들을 자주 볼 수 있다. 그중 가장 많이 나타나는 사례는 편식이다. 식사를 할 때 좋아하는 음식을 먹고 싶은 것은 당연한 욕구다. 왜 골고루 먹어야 하는지 잘 모르기 때문에 나이가 어릴수록 좋아하는 것만 먹고 싶어 한다.

점심시간에 아이들이 먹는 것을 자세히 관찰해보면, 편식 외에도 다양한 식습관이 나타나는 것을 확인할 수 있다. 우선 배식할 때 좋아하는 음식만 많이 달라고 하는 아이들이 있다. 그런 아이들 중 대부분은 싫어하는 음식은 아예 받아가지도 않는다. 때에 따라 싫어하는 음식을 받아갔다면 먹어볼 생각도 하지 않고, 그대로 버린다. 그리고 나서 좋아하는 반찬만 계속 더 먹겠다고 한다.

또 어떤 아이들은 좋아하는 반찬만 먹지 않고 아꼈다가 맨 나중에 먹는 경우도 있다. 이런 식습관을 고쳐야 하는 이유는, 이렇게 놔둘 경우 다른 것들을 이미 먹은 후라 배가 불러서 정작 좋아하는 반찬은 못 먹고 버릴 확률이 높아지기 때문이다.

점심시간에 친구들이랑 놀고 싶어서 밥을 빨리 먹는 경우도 있다. 자리에 앉자마자 밥과 반찬을 한입에 허겁지겁 집어넣고 식사를 마치는 경우도 있다. 이런 것이 자주 반복돼서 습관처럼 돼버린 경우도 있다.

잘못 길들인 식습관은 학교생활로 이어진다

식습관은 아주 중요한 생활습관이므로, 어려서부터 가정에서 몸에 배도록 가르치는 것이 좋다. 올바른 식습관을 가르치지 않을 경우, 아이가 어린이집이나 유치원에서 단체생활을 해나갈 때 어려움에 빠질 수 있다. 유치원생이나 초등학교 저학년에게 주로 나타나는 잘못된 식습관은 대개 몇 가지로 추려진다.

유치원이나 저학년의 경우, 음식을 입에 물고만 있는 경우도 있다. 씹는 것을 싫어해서 부드러운 음식만 찾거나, 음식을 입에 넣고 계속 물고 있다가 점심시간이 끝나는 경우도 있다. 이런 아이들 중에는 밥을 먹여줘야 먹는 경우도 있다. 음식물을 씹는 활동을 하지 않아서 생기는 잘못된 식습관이다. 먹기 싫다고 무조건 큰소리로 우는 아이도 있다. 또, 유치원이나 저학년의 경우 숟가락이나 젓가락과 같은 도구 사용이 익숙하지 않아서 식사 시간이 지나치게 길어지는 경우도 있다.

　식사시간에 돌아다니면서 식사하는 것도 잘못 형성된 식습관의 대표적인 형태다. 몇 년 전에 한 아이가 식사시간에 계속 돌아다니는 경우가 있었다. 한 달이 되고, 두 달이 되어도 좀처럼 습관을 고치기가 어려웠다. 알고 보니 초등학생인데도 집에서도 계속 돌아다니면서 밥을 먹고 있었다. 집에서부터 습관 형성이 제대로 안되었기에, 한자리에 앉아서 집중해서 먹는 습관을 만들기까지 매우 많은 시간이 소요되었다.

　식사시간에 반대편 의자를 계속해서 발로 차거나, 음식물을 입에 넣고 떠들거나 소리 지르는 아이들도 있다. 음식을 씹을 때 쩝쩝거리거나, 식판에 있는 모든 음식을 다 섞어서 미관상 좋지 않게 해서 먹는 아이들도 있다. 식사에 집중하지 못하고 매우 산만한 아이들, 다 먹은 식판을 치우지 않고 그냥 가는 아이들 등 천차만별이다.

입맛이 잘못 길들여진 경우는?

　태도가 잘못된 경우와는 달리, 입맛이 잘못 길들여져 편식으로 이어지는 아이도 있다. 이런 아이들은 주로 자극적이며 짜고 단 음식만 찾는다. 예전에 학교에서 돼지등뼈감자탕을 한 적이 있었다. 입학한 지 얼마 되지 않은 1학년 아이가 학교에서 돼지등뼈감자탕을 먹었는데, 싱거우면서 맵지도 않고 학교에서 하는 음식은 너무 맛이 없다고 했었다. 그 아이가 하는 말이 "집에 있는 엄마는 ○○ 브랜드의 감자탕을 사다 주시는데, 학교에서 직접 만든 것은 그런 맛이 나지 않아요"라고 했다.

학교에서는 성장기 아이들에게 매우 자극적인 음식을 제공하지 않는다. 가급적 천연 식재료로 맛을 내기 때문에 밖에서 파는 음식에 길들여진 아이들의 경우 자극적인 맛이 없기 때문에 학교급식이 다소 밍밍하고 낯설게 느껴졌을 수 있다.

우리 가정, 문제없나?

요즘 가정에서 가장 문제가 되는 것 중에 하나는 아이들이 식사 중에 대화 없이 TV나 스마트폰을 보면서 식사를 하는 것이다. TV나 스마트폰을 보느라 식사에 집중할 수가 없다. 그렇기 때문에 무엇을 얼마만큼 먹었는지 가늠하기 어렵고, 평소보다 더 많은 양을 먹게 된다.

이는 명백히 잘못된 식습관이며 식사 예절을 가르치지 않는 식사법이다. 앞에서 말한 것 이외에도 우리 아이에게 잘못된 식습관이 있는지 양육자들은 살펴볼 필요가 있다. 잘못된 식습관으로 인해 아이들의 성장발달을 저해할 수 있고, 사회활동에 좋지 않은 영향을 미칠 수 있다. 한 번 생긴 잘못된 식습관이 계속 진행돼서 성인까지 이어질 수도 있기 때문에, 지금이라도 잘못된 식습관을 바로잡아야 한다.

즐거운 식사를 위해 필요한 몇 가지

아이들에게 좋은 식습관을 만들어주기 위해서는 식사예절부터 알려줘야 한다. 나라마다 식사예절은 조금씩 다르지만, 보편적으로 지켜야 하는 것들은 있다. 음식을 입에 넣은 채로 말하지 않아야 하며, 쩝쩝거리는 소리는 내지 않아야 한다. 반찬을 뒤적거리지 않고, 식사 중에 다른 사람들에게 불쾌감을 느끼게 하는 행동이나 말을 하지 말아야 한다.

우리나라의 경우 어른보다 먼저 숟가락과 젓가락을 들어서는 안 되며, 어른이 식사를 마치고 일어서기 전까지 자리에서 일어나는 것은 예의에 어긋나는 식사예절이다. 그리고 그릇을 손에 들고 먹어서는 안 되며, 밥과 국은 숟가락으로 먹고, 숟가락을 밥그릇에 꽂아두어서도 안 된다. 돌아다니면서 식사를 해서도 안 된다.

올바른 식사습관을 만들기 위해서는 다양한 노력이 필요하다. 균형 잡힌 식사, 충분한 휴식, 적당한 운동이 함께 어우러져야 한다. 균형 잡힌 식사는 영양학적 균형이 맞아야 하며, 다양한 식품을 섭취해서 균형을 맞출 수 있어야 한다. 연령, 성별, 활동량, 개인의 건강 상태에 따라 신체활동에 필요한 영양권장량이 다르다.

이에 따라 섭취할 수 있는 적당한 음식 양의 균형도 맞아야 한다. 또한, 식사의 횟수나 식사 사이의 간격의 균형을 맞추도록 해야 한다. 아침 결식이나 야식, 잦은 결식과 폭식의 반복은 에너지 대사와 관련하여 신체의 리듬을 깨기 때문에 건강에 좋지 않다.

생애주기별 식생활 지침

보건복지부 생애주기별 식생활지침 개정안 발표자료에 의하면 올바른 식습관을 위한 각 생애주기별 식생활지침이 있다. 그 중 여기서는 아동과 청소년의 식생활 지침을 확인한 후, 실천내용에 따라 실천하고 있는지 여부를 판단해 보면된다. 지침에 따른 내용을 실천하지 않고 있는 경우, 고쳐야할 부분에 대해 생각해보고 실천내용을 지킬수 있도록 노력하면 된다.

먼저 아동을 위한 식생활 지침에는 다섯 가지가 있다. 첫째, 음식은 다양하게 골고루 먹는다. 둘째, 많이 움직이고 먹는 양은 알맞게 먹는다. 셋째, 식사는 제때에 싱겁게 먹는다. 넷째, 간식은 안전하고 슬기롭게 선택하여 먹는다. 다섯째, 식사는 가족과 함께 예의 바르게 한다.

청소년을 위한 식생활 지침에는 여섯 가지가 있다. 첫째, 각 식품군을 매일 골고루 먹는다. 둘째, 짠 음식과 기름진 음식을 적게 먹는다. 셋째, 건강 체중을 바로 알고 알맞게 먹는다. 넷째, 물이 아닌 음료를 적게 마신다. 다섯째, 식사를 거르거나 과식하지 않는다. 여섯째, 위생적인 음식을 선택한다.

그리고 우리 가족 건강을 위한 식생활진단 체크리스트를 확인한 후, 현재 우리 가족의 식생활을 한번 체크 해보자.

| 아동을 위한 식생활 지침 실천 내용 |

지침		실천 내용	평가
1	음식은 다양하게 골고루 먹는다.	편식하지 않고 골고루 먹는다.	
		끼니마다 다양한 채소 반찬을 먹는다.	
		생선, 살코기, 콩제품, 달걀 등 단백질 식품을 매일 한 번 이상 먹는다.	
2	많이 움직이고, 먹는 양은 알맞게 먹는다.	매일 1시간 이상 적극적으로 신체활동을 한다.	
		나이에 맞는 키와 몸무게를 알아서 표준체형을 유지한다.	
		TV 시청과 컴퓨터 게임을 모두 합해서 하루에 2시간 이내로 제한한다.	
		식사와 간식은 적당한 양을 규칙적으로 먹는다.	
3	식사는 제때에 싱겁게 먹는다.	아침 식사는 꼭 먹는다.	
		음식은 천천히 꼭꼭 씹어 먹는다.	
		짠 음식, 단 음식, 기름진 음식을 적게 먹는다.	
4	간식은 안전하고 슬기롭게 선택하여 먹는다.	간식으로는 신선한 과일과 우유 등을 먹는다.	
		과자나 탄산음료, 패스트푸드를 자주 먹지 않는다.	
		불량식품을 구별할 줄 알고 먹지 않으려고 노력한다.	
		식품의 영양표시와 유통기한을 확인하고 선택한다.	
5	식사는 가족과 함께 예의바르게 한다.	가족과 함께 식사하도록 노력한다.	
		음식을 먹기 전에 반드시 손을 씻는다.	
		음식은 바른 자세로 앉아서 감사한 마음으로 먹는다.	
		음식은 먹을 만큼 담아서 먹고 남기지 않는다.	

| 청소년을 위한 식생활 지침 실천 내용 |

지침		실천 내용	평가
1	각 식품군을 매일 골고루 먹는다.	밥과 다양한 채소, 생선, 육류를 포함하는 반찬을 골고루 매일 먹는다.	
		간식으로 신선한 과일을 주로 먹는다.	
2	짠 음식과 기름진 음식을 적게 먹는다.	짠 음식, 짠 국물을 적게 먹는다.	
		인스턴트식품을 적게 먹는다.	
		튀긴 음식과 패스트푸드를 적게 먹는다.	
3	건강 체중을 바로 알고 알맞게 먹는다.	내 키에 따른 건강 체중을 알고 있다.	
		매일 한 시간 이상의 신체활동을 적극적으로 한다.	
		무리한 다이어트를 하지 않는다.	
		TV 시청과 컴퓨터 게임 등을 모두 합해서 하루에 2시간 이내로 제한한다.	
4	물이 아닌 음료를 적게 마신다.	물을 자주, 충분히 마신다.	
		탄산음료, 가당음료를 적게 마신다.	
		술을 절대 마시지 않는다.	
5	식사를 거르거나 과식하지 않는다.	아침 식사는 거르지 않는다.	
		식사는 제시간에 천천히 먹는다.	
		배가 고프더라도 한꺼번에 많이 먹지 않는다.	
6	위생적인 음식을 선택한다.	불량식품을 먹지 않는다.	
		식품의 영양표시와 유통기한을 확인하고 선택한다.	

꼼꼼히 체크하고, 꼼꼼히 챙기자

다음에 나와 있는 체크리스트를 통해 아동과 청소년이 있는 가정에서는 지침 실천 내용을 확인해보고, 올바른 식습관을 위해 함께 노력해보길 바란다.

그리고 우리 가정의 식습관이 올바른지 알아볼 수 있는 식생활 진단 체크리스트를 통해 해당하는 항목에 체크한 뒤 점수를 계산해서 식생활 건강 지수를 알아보자. 평가 방법은 다음과 같다.

평가 방법

30점 미만: 식생활 개선 필수

30점~69점: 보통

70점 이상: 양호

점수가 30점 미만이 나왔다면 식생활 불량일 가능성이 크니 식생활 전문가와 상담을 해보는 것이 좋다. 30점~69점이라면 식생활이 양호한 편이지만 점수가 30점에 가깝다면 식습관을 고치기 위한 노력이 필요하다. 70점 이상이라면 식생활이 좋은 편이다. 그래도 잘못된 항목에 대해서는 습관을 고칠수 있도록 노력해보길 바란다.

| 우리 가족 건강을 위한 식생활 진단 체크리스트 |

항목	예(5)	가끔(3)	아니오(1)
하루 3끼 식사를 한다.			
아침 식사는 거르지 않는다.			
식사 시간이 규칙적이다.			
천천히 꼭꼭 씹어 식사한다.			
과식하지 않는다.			
식사 후 휴식을 한다.			
매끼 모든 식품군을 골고루 먹는다.			
과자나 단 음식을 먹지 않는다.			
싱겁게 먹는다.			
외식을 자주 하지 않는다.			
야식을 잘 먹지 않는다.			
기름진 음식을 좋아하지 않는다.			
인스턴트식품을 자주 먹지 않는다.			
정상 체중을 유지한다.			
하루 1시간 이상 운동을 매일 한다.			
물을 자주 충분히 마신다.			
술이나 담배, 카페인 음료를 섭취하지 않는다(아동·청소년의 경우 카페인 음료로만 생각하여 체크하면 됨).			
식사는 한 곳에 앉아서 한다(돌아다니며 식사하지 않는다).			
식사는 즐거운 마음으로 편안하게 한다(식사 시 TV, 스마트폰 등을 하지 않는다).			
식품의 영양표시와 유통기한 등을 확인한 후 선택한다.			

편식하는 아이를 위한 바른 식생활 교육

부모들의 걱정거리, 편식

잘못된 식습관의 한 부분으로 편식이 있다. 편식(偏食)이란 골고루 먹지 않고 좋아하는 몇 가지 음식만 먹는 것이다. 아이들이 편식을 하게 되면 특정 식품의 종류만 좋아하게 돼서 식품의 선택 범위가 좁아지게 된다. 그렇게 되면 아이의 발육과 성장이 저해되고 영양 상태가 불량해진다. 학교에서 급식을 진행하다 보니 10년 전이나 지금이나 편식하는 아이들이 매우 많다. 대부분의 아이들은 좋아하는 음식만 먹고 싶어 하고, 싫어하는 음식은 쳐다보지도 않는다.

2008년 보건복지가족부의 '한국아동청소년종합실태조사'에서 자녀의 건강 중 가장 우려되는 부분에 대한 조사 자료 결과, 3세부터 18세까지의 1위가 편식이었다. 그만큼 부모들은 아이들의 편식을 가장 걱정하고 있다는 뜻이다. "세 살 버릇 여든까지 간다"는 속담처럼 어릴 적 생긴 편식은 꽤 오래 지속될 수 있다. 아동의 편식으로 인한 문제점은 다양하게 나타날 수 있다.

가장 크게 영향받는 측면은, 편식으로 인해 소아비만이나 영양실조와 같은 증상이 나타나는 경우다. 정상적인 발육이 어려워 성장이 부진되며, 면역력 저하도 올 수 있다. 또한 빈혈이나 변비, 충치가 생길 수도 있다. 편식과 충치가 연관성이 없다고 생각할 수 있지만, 편식이 있는 아이가 충치가 생길 확률이 더 높다. 채소나 과일 같은 거친 음식에는 섬유소가 풍부하게 포함되어 있어, 섭취를 하게 되면 침샘의 분비를 촉진시켜 치아에 붙어 있는 플라크를 제거해주는 역할을 하는데, 편식하는 아이들의 경우 채소나 과일을 잘 섭취하지 않기 때문에 충치의 문제가 발생하게 된다.

편식의 원인

편식은 부모로부터 원인을 찾을 수 있다. 부모가 다양한 식품을 자주 접해주지 않았거나, 달콤한 간식을 자주 먹였기 때문일 수 있다. 부모의 잘못된 식습관을 아이가 모방하여 학습한 결과일 수도 있다.

아이의 경우 특정한 음식을 먹고 아팠거나 좋지 않았던 경험으로 인해 편식이 올 수도 있다. 아이들은 어른들보다 미각이나 후각 등의 감각이 예민하다. 이런 예민한 감각으로 인해 음식을 거부할 수도 있다. 아동의 성격상 산만하고 활동적이기 때문에 음식 섭취에 관심이 없어서 편식이 올 수도 있다.

만 2세부터 5세까지는 자아존중감이 발달되는 시기이다. 이 시기에는 '푸드 네오포비아(food neophobia)'가 나타날 수 있는데, 푸드 네오포비아란 낯선 음식에 대한 불안감을 말한다. 채소에 대한 푸드 네오포비아 지수가 가장 높은데, 이것은 청소년기로 가면서 점점 줄어든다. 다양한 편식의 원인이 있는 만큼 우리 아이에게는 무엇이 원인인지 잘 확인한 후, 그에 따른 편식 교정을 하는 것이 맞다.

아이의 편식을 바로잡는 미각교육

부모가 가장 걱정하는 편식을 교정하기 위해서는 무엇을 해야 할까? 나는 '미각교육'을 추천한다. 미각교육이란 아이의 건강한 혀를 만들기 위한 훈련이다.

어린아이의 경우 집에서 엄마와 함께 놀이로 미각교육을 해볼 수도 있다. 몇 가지 식감이 다른 식재료를 가지고, 아이가 눈을 감고 음미하며 먹어보게 함으로써 식재료를 맞추는 놀이이다. 다양한 식감의 식재료를 가지고 하면 미각 발달에도 매우 좋은 영향을 미칠 수 있다. 예컨대 불린 미역, 바나나, 오이 등을 준비해서 눈을 감고 먹어보게 하면 다양한 식감을 느낄 수 있고, 향과 맛도 느껴볼 수 있다.

아이의 혀를 건강하게 만들기 위해 음식은 항상 싱겁게 조리해서 먹여야 한다. 다양한 종류의 식품을 섭취하게 해주는 것은 물론, 너무 자극적인 음식을 많이 먹이지 않아야 한다. 지나치게 뜨거운 음식의 경우 식혀서 먹어야 혀, 식도, 위의 피부가 손상되지 않는다.

아연을 함유한 식품을 많이 먹이는 것도 좋은 방법이다. 아연을 함유한 식품에는 굴, 생선, 해초, 콩이나 견과류 등이 있다. 마지막으로 인스턴트식품을 많이 먹지 않게 하는 것이 좋다. 이런 방법을 통해 아이의 혀를 건강하게 만들어줄 수 있다.

푸드 브리지로 조리법의 변화를 주다

푸드 브리지(food bridge)란, 편식하는 아이를 위해 잘 먹지 않는 식품을 다른 조리법으로 바꿔서 먹을 수 있도록 유도하는 것이다. 즉, 새로운 조리법이나 다른 방법으로 다리를 놓음으로써 호기심을 가지고 먹을 수 있게 하는 방법이다. 푸드 브리지 활용의 예는, 아이들이 싫어하는 채소를 음식 속에 숨겨 넣어 좋아하는 음식으로 만들어주는 방법이다.

아이들이 싫어하는 식재료를 만져보게 하거나, 탐색을 할 수 있도록 해보는 방법도 있다. 먹지 않았던 식재료를 가지고 부모와 함께 음식을 만들어보는 방법도 있다. 아이들이 직접 조리 과정에 참여해서 즐거움과 흥미를 가지도록 유도함으로써 편식을 교정하는 방법이다.

조리법을 바꾸는 방법에는 여러 가지가 있다. 고기나 생선류를 싫어하는 아이의 경우 잘게 다져서 동그랑땡처럼 만들어주거나, 돈가스와 같은 튀김요리나 아니면 아이들이 좋아하는 다른 조리법으로 음식을 만들어주는 방법이 있다. 채소를 싫어하는 경우에도 잘게 다져서 다른 음식에 넣어 안 보이게 조리하는 방법이 있다. 아니면 채소를 예쁜 모양으로 썰어서 주거나, 즙을 내서 색을 예쁘게 만들어 조리해주는 방법도 있다.

우유를 싫어하는 아이들의 경우, 우유과 비슷한 영양성분을 가지고 있는 치즈나 요구르트로 대체하는 경우도 있다. 예를 들어 파프리카를 싫어하는 아이들의 경우 파프리카를 가지고 함께 요리를 해볼 수 있다. 파프리카를 그릇처럼 이용해 볶음밥을 담아내거나, 잘게 다져 완자전을 만든다거나, 갈아서 스파게티 소스를 활용하는 방법들이 있다. 이렇게 되면 싫어하는 식재료를 자연스럽게 노출시키면서 익숙하게 만들어 먹는 게 어렵지 않을 수 있다.

식물을 이용한 방법

식물을 이용하여 편식을 교정해주는 방법도 있다. 집에서 쉽게 기를 수 있는 식물을 길러보는 방법으로, 예를 들면 아이들이 직접 토마토나 상추를 길러보게 하는 것이다. 하루하루 식물이 자라면서 친밀감을 형성시켜 식재료에 대한 거부감을 줄여줄 수 있다.

또한 자신이 기른 식재료를 직접 수확해보는 경험을 통해 자부

심을 느낄 수 있다. 이로 인해 싫어했던 음식도 먹을 수 있게 된다. 가정에서 직접 기르기 어렵다면 주말농장이나 근처에 있는 농장에 견학을 가보는 것도 좋은 방법이 될 수 있다.

학교에서는 이렇게

학교 현장에서는 아이들의 편식을 교정하기 위해 여러 가지 방법을 활용하고 있다. 가장 쉬운 방법은 학교에서도 조리법을 바꿔주는 방법이다. 채소를 안 먹는 아이들이 채소를 다져 넣은 동그랑땡은 잘 먹기도 한다. 또 달걀말이에 채소를 다져서 넣어주면 채소만 고르기 어려우니 함께 섭취하게 되는 경우도 있다.

김치를 좋아하지 않는 아이들은, 김치를 볶아준다거나 김치전을 만들어주는 방법이 있다. 또 식품영양교육을 통해 편식 교정을 해주는 방법도 있다. 아이들이 이해하기 쉽게 식재료 속 영양 이야기나 식재료 활용 팁을 알려주면 좀 더 친근하게 다가와 편식 교정에 도움을 줄 수 있다.

바지락을 예로 들어보자. 바지락은 최고의 천연 조미료다. 바지락은 칼로리와 지방 함량이 낮아 다이어트에 효과적이며, 칼슘, 마그네슘, 철분 등의 무기질 함량이 높아 빈혈을 예방해주고 원기회복에 도움을 준다. 바지락을 이용한 요리에는 바지락파스타, 바지락찜, 바지락무침, 바지락전이 있다는 정보를 제공해줌으로써 아이들이 바지락이라는 식재료에 대해 좀 더 이해하게 된다.

바지락에 대해 이해를 한 후에 바지락과 관련한 음식을 제공해 주면 아이들이 바지락을 거부감 없이 섭취하기 쉬워진다. 이런 식품영양교육 방법은 여러 가지 식재료에도 적용할 수 있기 때문에 활용도가 높다.

학교에서는 편식 아동을 위해 영양상담도 함께 진행한다. 학교에 있는 영양사가 편식이 심한 아이의 학부모를 대상으로 영양상담을 진행하는 방법이다. 영양사들은 다양한 교수학습 자료를 활용하여 편식 아동의 교정을 도와줄 수 있다.

올바른 식습관 형성을 위한
밥상머리 대화법

식사 시 올바른 대화법이 중요하다

"먹을 거 앞에 장사 없다"는 말이 있다. 사람이 살아가는 데에 먹는 것이 그만큼 중요하다는 뜻이다. 따라서 식사 시에는 식사에 집중하는 것이 좋다. 하지만 그렇다고 밥 먹을 때 아무런 대화를 하지 말라는 것은 아니다. 가족 간의 정서적 유대감을 형성하기 위해 식사시간에 하는 대화만큼 좋은 것도 없다.

요즘은 가족 간에도 서로 바빠 만날 기회가 별로 없다 보니, 그나마 함께 밥을 먹는 자리에서 가장 많은 대화를 한다는 가정도 많다. 그럴 때 누구나 한번쯤은 서로 감정이 상해 밥 먹다 체해본 경험이 있었을 것이다. 잘못된 대화법으로 인해 식사시간에 아이들과의 소통에 문제가 생길 수 있다. 아이들의 올바른 식습관 형성을 위해서는 가족 간의 대화 방법이 중요하다.

부모와 아이의 올바른 대화법

부모는 아이와 대화를 할 때 아이의 말을 잘 들어주면서 공감해주는 것이 필요하다. 부모나 아이나 감정을 솔직하게 표현하여 진정성을 느낄 수 있는 대화를 해야 한다. 부모가 훈계조로 말한다거나 재촉하는 말 명령하는 말, 강요하는 말로 대화를 한다면, 우리 아이가 마음에 상처를 받거나 부정적인 자아를 형성하게 된다. 아이의 행동을 비난하지 않고, 아이의 행동이 부모에게 미치는 영향에 대해 전달하는 대화 방법을 사용해야 한다.

예를 들어 "왜 그런 행동을 했어?"라고 아이를 다그치기보다, "우리 아이가 이렇게 했기 때문에 나는 매우 속상해"라는 표현을 사용하는 것이 좋다. 평소에 부모가 잔소리를 많이 하면, 정작 중요한 이야기도 아이들은 잔소리로 듣게 된다. 아이의 잘못만 훈계하고, 부모의 잘못은 넘어가면 안 된다. 부모가 아이에게 잘못했다면 진심으로 아이에게 사과를 해야 한다. 서로간의 신뢰와 존중이 바탕이 되어야 아이와의 소통이 즐거워진다.

행복한 밥상을 위한 밥상머리 교육

밥상머리 교육이란, 온 가족이 함께 밥을 먹는 자리에서 이루어지는 인성이나 예절 등에 대한 교육을 의미한다. 나는 어릴 적에 가족과 함께 밥을 먹으면서 좋았던 기억도 있고 혼났던 기억도 있다. 아버지가 회사를 다니셨기 때문에 가족과 아침 식사, 저녁 식사를 함께했던 적이 많다. 엄마는 집에 계셨기 때문에 출근하시는 아버지와 학교에 가는 동생과 나를 위해 아침 식사를 한 번도 거르지 않고 꼭 챙겨주셨다. 고등학교 졸업할 때까지 모두 함께 식탁에 앉아 아침을 먹었기 때문에 그때의 기억이 좋은 추억으로 남아 있다.

그리고 성장기 때의 균형 잡힌 영양 섭취가 현재까지 내 건강을 유지하는 힘이 되고 있다. 저녁 식사도 특별한 일이 없다면 대부분 함께 먹었는데, 우리가 성장하면서 각자의 일로 바쁘다 보니, 어느 순간부터는 자연스럽게 저녁 식사를 함께하는 횟수가 줄게 되었다.

한번은 여느 때와 마찬가지로 엄마와 함께 저녁 식사를 차려놓고 아버지를 기다린 적이 있었다. 그날따라 유독 식탁 위에 있는 달걀말이가 너무 맛있어 보였다. 그래서 몰래 한 개를 손으로 집어 먹다가 아버지가 오시기 전에 먼저 먹었다고 엄마한테 혼났던 기억이 있다. 엄마한테 혼났을 때는 서운하고 속상하기도 했지만, 아버지도 우리와 함께 저녁을 먹기 위해 부지런히 오고 계시다는 말에 엄마의 행동을 이해하게 되었다. 그리고 그 후부터는 배가 고파도 아버지가 오실 때까지 기다렸다가 먹는 것을 배우게 되었다.

내가 이렇게 배워서 성장했기 때문인지, 우리 아이에게도 가족과 함께 식사하는 즐거움을 알려주고 싶었다. 그렇지만 요즘 시대는 엄마들도 밖에서 일을 하는 경우가 많다. 나 역시 워킹맘인데, 나는 적어도 하루에 한 번, 평일 5일 중 3일 이상은 가족과 함께 밥을 먹는 것으로 정했다. 그리고 요즘은 남자와 여자의 역할 구분이 사라진 지도 오래다. 그렇기 때문에 가정 일에 남자와 여자가 함께 해야 한다고 생각한다. 아침이나 저녁상을 차리는 일이 꼭 나만의 일이 아니기 때문에 남편과 아이와 함께 식탁을 꾸미다 보면 더 즐거운 추억을 만들 수 있었다.

주말에는 가족들이 함께 있기 때문에 더욱 밥을 같이 먹으면서 대화할 기회가 많았다. 내가 지키는 원칙 중에 하나는, 우리 아이에게도 내가 어릴 때 그랬던 것처럼 좋은 추억을 만들어주는 것이다. 그것이 오랫동안 쌓여서 나중에 우리 아이에게 힘들 일이 생겼을 때, 그것을 이기고 삶을 살아갈 수 있는 힘이 된다고 믿는다. 가족 간에 대화를 하면서 식사를 하는 것은 부모와 자식 간의 세대 격차를 줄여주기도 하며, 아이들의 뇌 발달에 매우 좋은 영향을 미친다.

교육의 시기는 정해져 있지 않다

밥상머리 교육을 하는 시기와 나이는 정해져 있지 않다. 개인적으로 밥상머리 교육의 시작점은 태어나서 엄마와 눈을 맞추며 모유나 분유를 먹기 시작할 때라고 생각한다. 교육의 시기가 정해져 있지는 않지만, 적어도 아이가 이유식을 하는 시기부터는 본격적으로 밥상머리 교육을 시작해야 한다. 이유식을 하는 시기부터 아이에게 끌려다니면서 밥을 먹이거나, 잘못된 식습관을 심어주어서는 안 된다.

아이가 어린이집을 다니는 시기부터 사회생활을 할 때까지 적어도 하루에 한 끼 이상은 단체급식에 의존하는 것이 현실이다. 학교에서도 밥상머리 교육의 효과와 중요성을 알고, 가정과 연계하여 밥상머리 교육을 학교급식에 적용하고 있다. 함께 밥을 먹는 학교급식에서 학생들 간에 지켜야 할 질서에 대한 교육, 말과 예절과 같은 인성교육, 영양교육, 음식과 관련된 환경 문제 등의 다양한 교육을 진행하고 있다.

밥상머리 교육의 효과

가족이 함께 식사할 때 대화를 통해 우리 아이는 풍부한 어휘력을 기를 수 있다. 어휘력뿐 아니라 인지력, 이해력, 문제해결능력을 향상시키게 되므로 똑똑한 아이로 성장할 수 있다. 만 3세의 아이가 책을 통해 배우는 언어는 140여 개인 반면, 가족과의 식사를 통해 배우는 단어는 1,000여 개가 넘는다고 한다. 이것을 보면 밥상머리 교육의 힘이 매우 크다는 것을 알 수 있다.

가족과의 식사는 보다 균형 잡힌 영양 섭취를 가져온다. 아이가 가족과 함께 식사할 때 좀 더 다양한 종류의 음식을 먹기 때문이다. 가족과의 식사로 인해 우리 아이에게 균형 잡힌 식습관을 형성해 줄 수 있다. 비만이나, 식이장애와 같은 신체적·정신적 질환의 문제 발생률도 낮아지게 된다. 균형 잡힌 영양 섭취를 통해 아이가 건강하게 성장할 수 있도록 도와주며, 가족 모두가 건강해질 수 있다.

밥상머리 대화와 교육을 통해 가족이 서로 공감하고 친밀한 유대관계가 형성된다. 아이에게 정서적인 안정감을 줄 수 있고, 긍정적인 마음을 갖게 한다. 자녀에게 행복감을 느끼게 해주면서 결국 긍정적이고 화목한 가정을 이룰 수 있게 된다.

밥상머리 교육은 대화의 주제에 따라 다양한 교육이 가능하다. 식탁예절에 대해 알려줄 수도 있고, 식사를 하면서 친구들과의 약속이나 사회에서 지켜야 할 규칙에 대해 대화를 할 수도 있다. 부담 없이 다양한 주제로 대화가 가능하기 때문에 우리 아이에게 필요한 많은 것들을 알려주기도 좋다. 함께하는 식사에서 아이에게 식사 예절, 음식의 나눔, 음식을 먹기 전까지의 기다림, 절제, 상대방을 위한 배려를 알려주기에도 매우 좋다. 여러 가지 약속, 규칙, 사회문제 등 다양한 주제로 대화를 하다 보면 우리 아이의 인성과 사회성이 골고루 발달할 수 있게 된다.

밥상머리 교육은 단지 먹는 것뿐 아니라, 함께 식사를 준비하고 정리하는 것까지의 모든 과정을 의미하므로 이런 교육을 통해 가족으로서의 유대감, 소속감, 사회적 책임감을 형성할 수 있다. 게다가 아이 스스로 자존감이 높아지며, 행복감과 충만감을 느낄 수 있다. 가족과의 식사를 자주 하지 않는 아이와 자주 하는 아이를 비교해보면 가족과의 식사가 아이들의 부정행동이나 우울증을 줄여주며, 정서적으로 안정감을 준다는 것을 알 수 있다.

밥상머리 교육을 위한 다섯 가지 실천지침

다음은 교육부 밥상머리교육 실천지침 열 가지 중 가정에서 우리아이 밥상머리 교육의 효과를 높이기 쉬운 다섯 가지 실천지침만을 정리해 놓았다.

1. 일주일에 두 번 이상 '가족식사의 날'을 가진다.
2. 가족이 함께 식사를 준비하고 함께 정리한다.
3. 대화를 할 수 있도록 TV나 전화 사용을 하지 않으며, 식사를 천천히 즐거운 마음으로 한다.
4. 식사 중에는 부정적인 말 대신 긍정의 말이나 공감, 칭찬을 많이 한다.
5. 가족 모두가 행복하고 즐거운 식사가 될 수 있도록 노력한다.

출처 : 교육부(전 교육과학기술부), 〈밥상머리 교육 실천지침 10가지〉

식습관에 따른 성격 유형을 파악하여 지도하라

천차만별의 아이들

학교에서 점심 먹는 아이들을 유심히 관찰해보면, 습관이나 행동이 모두 다 다르다. 천천히 꼭꼭 씹어 시간과 상관없이 느긋하게 먹는 아이가 있고, 대충 씹어서 빨리 먹고 나가버리는 아이도 있다. 좋아하는 음식만 골라 먹는 아이가 있는가 하면, 싫어하는 음식도 먹기 위해 노력하는 아이도 있다. 음식이 섞여있는 걸 좋아하지 않는 아이가 있고, 모든 음식을 섞어서 먹는 아이도 있다.

식사를 마친 후 먹은 자리와 식판을 깨끗이 정리하는 아이가 있고, 먹은 자리는 쳐다보지도 않은 채 대충 정리해서 나가버리는 아이도 있다. 흘리면서 먹거나 본인의 숟가락이나 젓가락을 정리하지 않고 가버리는 아이도 있다. 식탁 정리를 도와주는 사람에게 늘 감사하다고 인사를 먼저 하는 아이도 있고, 당연하게 여기면서 치워달라는 아이도 있다.

음식을 받을 때도 음식을 주는 사람을 생각해주는 아이가 있고, 본인만 생각하면서 음식을 받는 아이도 있다. 식사를 받을 때 질서에 상관없이 먼저 먹으려고 하는 아이도 있고, 그런 아이를 위해 본인의 자리를 내어주는 아이도 있다.

많은 사람들이 함께 식사를 하는 곳이다 보니, 성격에 따라서도 식사하는 방법, 습관, 행동이 다르다는 것을 경험에 의해 더 잘 알게 되었다.

식사 지도도 성격 따라

아이들 성격이나 성향에 따라 훈육하는 방법은 다르다. 식사 지도 이와 마찬가지이다. 아이들마다 각각의 식사 행동과 식사 패턴, 유형이 있다. 그에 맞춘 성격 분석을 통해 식사 지도를 하는 것이 맞다.

예를 들어 음식을 섞어 먹는 것을 좋아하지 않는 아이에게, 2가지 이상의 음식을 올려 한 번에 먹게 하는 식의 식사 지도는 옳지 않다. 오히려 역효과를 불러올 뿐이다. 식사 지도를 효율적으로 하기 위해서는 아이의 평소 식사 행동을 알고 성격 유형을 파악하여야 한다. 그리고 그에 맞춘 식사 행동 수정 교육을 실시하는 것이 훨씬 더 효과적이며 교육의 효과가 크게 나타난다.

나는 채소를 좋아하는 아이들보다 고기를 좋아하는 아이들이 좀 더 활동적이며 공격적이라고 느꼈다. 아이들 대부분 고기 종류를 좋아하지만, 그중 채소 반찬을 즐겨 먹는 아이들을 관찰해보니, 좀 더 조용하고, 사색을 좋아하는 편이었다.

그래서 먹는 음식에 따라 아이들 성격이 어떻게 달라지는지를 조사하다보니, 우연한 기회에 영국의 일간지 〈데일리 메일(2015. 9. 30)〉에 나온 기사를 읽게 되었다. 기사는 행동 분석 전문가의 줄리엣 보고시안(Juliet A. Boghossian) 박사의 '식습관으로 본 성격 유형'에 관한 것이었다.

성격이 다르면 식습관도 다르다

줄리엣 보고시안 박사는 식습관으로 본 성격 유형을 다음의 몇 가지 유형으로 분류하였다.

- 빨리 먹는 사람
- 천천히 먹는 사람
- 음식끼리 섞이는 것을 싫어하는 사람
- 이것저것 섞어 먹는 사람
- 먹을 때 소리 내는 사람
- 먹기 전에 다 썰어놓는 사람
- 한 가지 음식에만 집착하는 사람
- 매번 새로운 음식을 주문하는 사람
- 입맛이 까다로운 사람

보고시안 박사에 따르면 음식을 빨리 먹는 사람은 여러 가지 일을 한 번에 해결할 수 있는 사람일 가능성이 높다. 성격이 급하기 때문에 일이 지체되는 것을 참지 못해 업무 마감에 있어서도 문제없이 해결하는 경향이 있다. 오히려 자기 자신의 일보다 상대방의 일을 먼저 생각한다.

반대로 음식을 천천히 먹는 사람의 경우 음식에 집중하여 먹기 때문에 음식의 맛을 음미한다. 그로 인한 즐거움을 느끼며 자신의 행위를 중요시하는 자기중심적 성향이 많다.

음식이 섞이는 것을 싫어하는 사람은 깔끔하고, 자신을 잘 관리하며, 순서를 중요하게 여기는 경향이 있다. 반대로 음식을 이것저것 섞어 먹는 사람의 경우 새로운 것을 추구하며 실험정신이 뛰어나다. 외향적이며 활발한 성격으로 주위 사람들과 끈끈한 유대관계를 형성한다.

먹을 때 소리를 내는 사람은 주위에 있는 다른 사람을 신경 쓰지 않는 자유로운 영혼일 가능성이 높다. 먹기 전에 음식을 다 썰어놓는 사람은 전략적이며 진취적인 성격이 강하다. 무엇을 하기 전에 준비해놓아야 하는 성격으로 미래의 계획을 세우는 것에 즐거움을 느낀다.

한 가지 음식에만 집착하는 사람은 변화를 좋아하지 않고 일의 집중도가 강하며 체계적이다. 반면에 새로운 음식을 주문하는 사람은 오픈마인드로 열정적이며 도전의식이 강하다. 입맛이 까다로운 사람은 다른 선택에 있어서도 까다로울 수 있다. 궁금한 점을 알고 싶어 하는 경향도 있다.

이런 여러 가지 유형으로 나와 아이의 식사에 따른 성격 유형을 찾아볼 수 있다. 식사와 상관없이 더 정확하게 우리 아이 성격 유형을 알고 싶다면, MBTI 성격 유형 테스트를 추천한다. MBTI 성격 유형 결과에 따라 우리 아이에게 맞는 식사 대화법, 식사 예절, 식사 습관을 찾아 교육하는 것도 가능하기 때문이다.

성격에 따른 대화법과 식사습관 지도법

식사지도법에는 다양한 방법이 있다. 학교에서는 미디어를 활용하거나, 시청각 자료 이용, 개인상담, 그룹상담, 가족상담, 집단토의, 역할극, 스토리텔링(storytelling), 브레인스토밍(brainstorming), 인터넷이나 전화상담도 하고 있다. 급식실 게시판을 활용하여 여러 가지 정보도 제공하고 있다. 식사 때 직접적으로 일대일 교육도 가능하다. 여러 가지 식사 지도법을 활용하여 우리 아이에게 맞는 좋은 지도법을 찾는 것이 좋다.

예컨대 조용하게 식사하는 것을 좋아하는 아이라면, 여러 사람 앞에서 역할극을 시켜 교육하는 것보다 재미있는 스토리텔링을 통해 이야기를 나누며 소통을 하는 방법이 더 좋다. 반면에 활동적이고 적극적인 아이에게는 여럿이 함께 어울려 활동하는 역할극을 통해 식사지도를 하는 방법이 더 효율적이다.

가정에서 하는 식사지도법으로 활동적이며 산만한 아이에게는 함께 요리하는 활동을 통해 집중력을 높여줄 수 있다. 활동적이지 않은 아이의 경우는 함께 요리책을 본다거나, 음식에 대한 대화를 통해 식사습관을 지도해주는 것이 좋다.

오감으로 먹이면 더 좋다

식탁을 바꾸면 우리 아이가 달라진다

우리가 매일 보는 식탁에 꽃 한 송이, 작은 화분 하나만 올려놓아도 분위기가 금세 바뀌게 된다. 늘 먹는 반찬도 어떤 접시에 어떻게 담아내는지에 따라 음식에 대한 느낌이 달라진다. 매번 먹다 남은 반찬통에 있는 반찬을 통째로 놓고 식탁을 차리는 것보다 깨끗한 접시에 담아내면 먹는 사람 입장에서도 전혀 다른 느낌을 받을 것이다. 바쁘다며 설거지할 시간이 없다며, 밥 한 끼 때우자는 식으로 식탁을 차려서는 안 된다는 말이다.

그릇이 많이 나와 설거지가 어려워진다면 여러 가지 반찬을 한 번에 담아낼 수 있는 그릇을 사용하면 된다. 먹던 반찬통을 계속 식탁에 올리면, 미관상 좋지 않고, 위생적으로도 매우 나쁘다. 음식이 자주 공기 중에 노출이 되며, 사람들의 침이 들어가기 때문에 쉽게 상하게 된다.

나는 대학 전공수업 때 푸드스타일리스트라는 직업과 식탁을 차리는 방법에 대해 시연하는 것을 배웠다. 실제로 요리에 맞는 그릇부터, 전체적인 조화를 이루도록 도와주는 푸드스타일리스트라는 전문 직업이 있는 것도 그때 처음 알게 됐다. 전문 직업이 있을 만큼 음식을 담아내는 것과 여러 가지 음식의 조화를 이루며 식사를 준비하는 것이 그만큼 중요하다는 뜻이다.

우리가 식당만 가더라도 금방 알 수 있다. 식당마다 요리에 맞는 그릇에 음식을 담아내오기 때문이다. 이탈리아 요리를 하는 식당에서 순댓국을 담는 그릇에 요리를 담아 차리지는 않기 때문이다. 조금만 더 신경을 쓰면, 가족의 식사가 풍성해 보일 수 있다.

보이는 것이 다는 아니지만, 보이는 것으로 인해 우리 아이의 감각이 달라질 수 있기 때문이다. 같은 음식으로 식탁을 예쁘게 차리는 것은 아이의 두뇌 활동과, 미적 디자인 감각을 깨울 수 있게 된다.

아이는 부모의 거울이다

부모의 역량에 따라 우리 아이가 담아내는 그릇의 크기가 달라진다. 음식 담는 그릇, 식탁, 식사를 별거 아닌 것으로 생각해서는 안 된다는 말이다.

나는 우리 아이에게 식사를 차려줄 때 항상 먹을 만큼 접시에 담아 차려주었다. 그렇게 하다 보니, 통째 놓고 많은 양을 먹지 않왔다. 그리고 주는 적당량만큼만 다 먹는 습관이 생기게 되었다. 이렇게 식사 습관을 길렀던 아이는, 본인이 했던 만큼 다른 사람에게 마찬가지로 식사를 차려주게 된다.

내가 아는 어떤 집 엄마는 상에 반찬을 통째로 놓고 밥을 먹는다고 했다. 하물며 그 한 번 먹었던 상을 치우지도 않고 옆으로 밀어 놓았다가 다음 식사 때 다시 끌어와서 밥을 먹는다고 했다. 이렇게 식사 습관을 배우며 자란 아이에게 좋은 습관을 기대할 수는 없다.

부모가 아이에게 어떻게 해주느냐에 따라 한 끼 식사에 많은 의미를 생각해볼 수 있다. 우리 아이가 사회적으로 다양한 분야에서 잘 활동할 수 있도록 하려면 생각의 크기나 사고의 영역을 넓혀주어야 한다. 가정에서 식탁의 분위기만 달라져도 아이의 성격과 사회적 성장에 행복한 기대를 할 수 있다.

오감으로 식사를 지도하는 방법

오감이란 다섯 가지 감각을 의미한다. '식사를 한다는 것과 오감이 무슨 연관이 있을까?'라고 생각할 수 있다. 식사를 한다는 것은 오감을 만족시키는 행위이다. 오감에는 음식의 냄새를 맡는 후각, 입에 들어갔을 때 느끼는 촉각, 씹으면서 맛을 느끼는 미각, 씹는 소리나 요리하는 소리를 듣는 청각, 담겨져 있는 음식을 보는 시각이 있다. 오감이 발달한 아이일수록 사회적 성장에 큰 도움을 줄 수 있다.

아이들에게 오감 만족을 통해 즐겁고 올바른 식사 습관을 길러 줄 수 있다. 오감을 만족시키는 교육에도 물론 다양한 방법이 사용된다. 그중 어린 아동의 경우 부모와 함께하는 요리를 통해 오감을 발달시킬 수 있다.

요리는 과학이다. 요리활동을 통해 과학적 사고를 배울 수 있고, 또 미술적 감각을 키울 수도 있다. 스토리텔링을 통한 요리교육으로 어휘력을 향상시킬 수도 있다. 요리활동을 통해 손을 움직이고 자극하여 아이들의 뇌를 활성화시킬 수도 있다. 요리를 할 때 나는 소리와 음악을 들으면서 그 음악에 맞는 요리를 하는 교육도 아이들 청각과 음악적 발달에 좋은 영향을 미치게 된다.

부모나 친구와 함께하는 요리를 통해 사회성도 기를 수 있다. 다양한 식재료로 요리를 하면서 호기심과 탐구력이 발달되며, 그로 인해 좋아하지 않던 식재료도 좋아하게 만들 수 있다. 이런 학습을 통해 아이들의 이해력이 증진되며, 학습에 대한 집중력도 높아진다. 요리활동을 하면서 다양한 대화를 할 수 있기 때문에 기초 학습능력을 발달시킬 수 있다.

요리라는 것은 식재료를 가지고 음식으로 완성을 시키는 것이기 때문에 무엇보다 아이들에게는 성취감과 만족감, 자신감을 길러주기에 매우 좋다. 자신감이 향상된 아이는 학교 수업시간에 자신 있게 발표하는 능력도 키울 수 있다. 요리수업을 통해 창의력도 발달시킬 수 있고, 편식 습관도 개선할 수 있다.

요리활동을 통해서 우리는 아동의 신체적·지적 발달 수준을 진단할 수도 있다. 예를 들어 도구를 사용할 수 있는 나이임에도 잘 사용을 못한다거나, 식재료의 이름을 알 수 있을 정도의 나이임에도 이해를 잘 못하는 경우 아이의 발달 수준을 진단해볼 수 있다.

요리활동 자체만으로도 아이들의 사회적·정신적 상태를 진단해볼 수 있다. 이런 진단을 통해 아이들을 치료할 수 있다. 요리활동 교육을 통해 아이들이 가진 문제의 불안과 긴장을 해소시킬 수 있으며, 스스로 극복할 수 있게 해준다. 자신의 감정을 조절하는 능력도 향상되며, 정서적으로 안정감을 느낄 수 있게 된다.

소근육 발달에 도움을 주기 때문에 신체기능도 향상시킬 수 있다. 아이들의 경우 이런 활동을 통해 스트레스를 발산하고 해소하는 데에 매우 많은 도움을 받을 수 있다.

아이가 말하는 맛있는 소리

우리 아이가 말을 시작할 때쯤 식탁에 앉아서 음식을 먹는데, 갑자기 나를 불러 귀를 대보라고 한 적이 있었다. 그러더니 내 귀에 대고 "엄마, 잘 들어보세요. 맛있는 소리가 나요"라고 했다. 그때 나는 우리 아이가 그런 표현을 사용하는 것에 깜짝 놀랐다. 음식을 맛있는 소리라고 표현하는 것에 놀라기도 했고 재미있는 표현이라 생각하기도 했다.

함께 요리를 하고 같이 음식을 먹으니, 아이의 표현력이 무궁무진하게 커졌다. 나는 오감이 발달한 아이는 정서적으로 안정된다고 판단한다. 그리고 요리를 통한 오감을 발달시키는 교육이야말로 식습관이 뒤엉킨 아이를 제자리로 돌아오게 하는 가장 쉬운 방법이라 생각한다.

식사 일기를 쓰는
습관을 들이자

무엇을 얼마나 먹었는지 기록하라

　영양상담을 할 때 사용하는 방법 중 하나가 내담자에게 식사 일기를 쓰도록 하는 방법이다. 우리 아이의 올바른 식습관을 위한 지도법으로 그날그날 먹은 식사를 기록하게 하는 방법이 있다. 아주 어린아이의 경우에는 부모가 대신해서 기록해주면 된다. 기록을 직접 할 수 있는 아이들의 경우 직접 기록을 해봄으로써 본인들의 섭취량을 알 수 있어서 더 효과적이다.

　예전에 한 소아과 의사가 아이를 진료할 때 그 부모가 적어온 노트를 보고 깜짝 놀랐다고 한다. 부모에게 아이가 무엇을 먹었는지 물어보면, 대부분은 잘 기억을 못하거나 먹은 식재료만 이야기하는 경우가 많다. 그런데 그 부모는 아이가 몇 시에 무엇을 얼마만큼 먹었는지 자세히 기록을 해왔다고 했다. 간식으로는 무엇을 먹었는지 등을 기록해 와서 진료하는 데 많은 도움을 주었다고 했다.

그만큼 먹은 것을 기록해놓으면 아이에게 신체적으로 문제가 발생했을 때 추적관찰하기가 용이하다. 그리고 아이의 식습관을 관찰하기 가장 좋은 방법 중의 하나이다. 이렇게 관찰한 결과를 토대로 바람직한 식습관을 형성하기 위해 해야 할 것들을 찾기가 쉽기 때문이다.

식사 일기를 쓰게 되면, 나의 식습관에 대해 고찰하게 되기 때문에 잘못된 식습관을 발견하기 쉽다. 예를 들어 주로 내가 먹는 식품이 무엇인지, 잘 먹지 않는 식품이 무엇인지 알 수 있다. 즐겨 찾는 메뉴에 따라 좋아하는 조리법과 그렇지 않은 조리법도 알 수 있다.

하루 종일 내가 얼마만큼의 양을 먹었는지 알 수 있어서 다음번 섭취 시 조절하기 쉽다. 이로 인해 과식이나 폭식을 예방할 수 있어서 건강한 식생활에 도움을 줄 수 있다. 식사 시간이 규칙적인지 불규칙적인지 확인해봄으로써 배가 고프지 않은데도 음식을

| 식사기록지(예시 양식) |

						년. 월. 일	
구분	식사 시간	메뉴	식재료	먹은 양	장소	기분 상태	비고
아침							
오전간식							
점심							
오후간식							
저녁							
저녁간식							
평가							

먹는 습관을 바꿀 수 있다.

식사 일기를 통해 나의 몸과 마음을 되돌아보는 시간을 갖게 되며 자존감을 높일 수 있다. 음식을 먹고 나서 후회하는 경우가 많은데, 식사 일기를 쓰게 되면 서서히 식사 조절이 가능하게 돼서 음식을 먹고 후회하는 경우가 줄어든다. 주로 내가 먹는 식품군이 무엇인지 알게 됨으로써 영양균형을 맞추기에도 매우 유리하다.

식사기록지를 작성할 때는 이렇게

식사기록지를 보면 오전, 오후, 저녁 모두 간식이 있다. 간식을 먹지 않는 경우는 생략 가능하며, 먹은 간식만 기록하면 된다. 식사 시간을 기록할 때 식사를 언제 했는지, 식사를 하는 데 걸린 시간은 얼마만큼인지 함께 기록해놓으면 좋다. 식사 시간을 기록하는 이유는, 내가 규칙적인 식사 시간을 가지고 있는지, 내가 아침을 빨리 먹는지, 저녁을 빨리 먹는지 등을 알 수 있기 때문이다.

메뉴를 기록하는 이유는, 오늘 내가 어떤 음식을 먹었는지가 중요하기 때문이다. 메뉴도 중요하지만, 안에 들어간 식재료도 중요하다. 예를 들어 메뉴에 토스트라고만 작성해놓으면, 토스트에도 종류가 다양하고, 들어간 식재료도 다양한데, 어떤 것을 정확히 먹었는지 알 수가 없다. 그렇기 때문에 먹은 식재료나 조리법을 써놓으면 훨씬 더 도움을 줄 수 있다. 그리고 그렇게 먹은 식재료의 양이나 음식의 양은 꼭 기록해야 한다.

식재료의 양을 기록할 때는 기준이 되는 그릇을 이용하면 수월하다. 외식을 할 경우에 식당마다 그릇의 크기가 다르고, 양이 다르기 때문에 내가 집에서 자주 사용하는 그릇이나 종이컵 등으로 환산해서 양을 기록해야 정확하게 비교할 수 있다. 집에 있는 밥공기의 2/3만큼 먹었는지, 종이컵으로 했을 때 한 컵 정도의 주스를 마셨는지를 적어놓으면 다른 날과 먹는 양을 비교하기도 좋다. 어디에서 먹었는지, 음식을 먹기 전과 먹은 후의 기분이나 상태도 함께 적어놓는 편이 좋다.

식사기록은 꾸준히 꼼꼼히 기록해야 식습관 형성에 도움을 줄 수 있다. 식사기록을 하루만 한다면, 비교 대상도 없기에 정확한 식습관 진단이 어렵다. 최소한 한 달 이상은 꾸준히 기록해야 정확한 식습관 진단을 할 수 있다.

기록을 하지 못하는 아동의 경우는 부모가 대신해서 기록을 해주는 방법이 있는데, 하루 종일 부모와 같이 생활하는 경우는 쉽지만, 그렇지 않은 경우에는 아이에게 정확하게 물어봐서 기록해야 한다. 잘 기억을 못하는 경우 그 시간대에 아이가 무엇을 하고 있었는지, 누구와 놀았는지, 어디를 갔는지부터 물어보면서 접근하는 방법이 좋다. 아이들은 양을 정확히 모르기 때문에 집에 있는 그릇을 보여주면서 "이 그릇으로 치자면 얼마만큼의 양을 먹었어?"라고 물어본 후 기록을 하면 된다. 기록을 할 수 있는 아동의 경우에도 부모가 옆에서 꾸준히 기록할 수 있도록 도와주면 좋다.

식사기록지를 작성할 때는 꼭 하루를 마감하는 저녁에만 작성하지 않아도 된다. 하루에 먹었던 모든 걸 다 기억하기 어려운 경우에는 음식을 먹기 전이나 먹은 후 바로 기록하는 것도 좋다. 기록하기 어려울 경우, 음식을 먹기 전과 먹은 후에 핸드폰으로 사진을 찍어놓아도 된다. 음식을 먹기 전 사진과 먹은 후 사진을 비교해서 먹은 양을 체크해보면 된다.

또 음식 사진을 보면 조리법과 식재료가 보이기 때문에 무엇을 먹었는지도 확인이 가능하다. 사진에 시간과 장소가 나오게 하면, 나중에 기록할 때 기억하기 좋아서 도움을 받을 수 있다. 최근에는 휴대폰 앱이나, 웹상에서 기록해서 확인해볼 수 있는 방법도 있다.

우리 아이의 영양 상태

이렇게 작성한 식사기록을 토대로 우리 아이 영양 상태를 판정해볼 수 있다. 아침 식사를 일주일에 몇 번 하는지, 매일 먹는지, 굶는지도 알 수 있다. 아침을 자주 먹지 않는다면 저녁 식사와의 상관관계가 있는지, 늦잠을 자서 그런지도 확인해볼 수 있다.

우리 아이의 경우 간식의 섭취 빈도가 높은지, 간식으로 고열량 식품을 주로 먹는지도 알 수 있다. 가족들이 외식을 자주 하는지도 알 수 있고, 배달음식을 자주 먹는지, 집에서 만든 음식을 주로 먹는지도 확인해볼 수 있다. 그로 인해 부족한 식품군을 찾아서 보충해줄 수도 있다.

아침밥을 먹어야 하는 이유

건강과 행복을 위한 breakfast

"아침은 황제처럼, 점심은 평민처럼, 저녁은 걸인처럼 먹어라"라는 속담이 있다. 바쁜 현대를 살아가는 사람들에게 아침밥을 황제처럼 먹는다는 건 시대와 맞지 않는 말이라고 생각할 수 있다. 아침밥을 황제처럼 먹을 수는 없겠지만, 요즘 시대로 해석하면 '아침밥을 먹는 것이 건강에 가장 좋다'라는 의미로 받아들이면 된다.

'breakfast'라는 말은 '금식을 깨다'라는 뜻으로 아침 식사를 의미한다. 전날 자고 일어났을 때 처음 식사가 아침이기 때문이다. 공복이 오래 지속되면, 위에서 분비되는 위액이 위 점막을 자극하여 위염, 위궤양이 생기기 쉽다. 아침밥을 먹게 되면 일단 밤새 조용했던 장이 운동을 시작하기 때문에, 변비가 있는 사람의 경우 장 운동 촉진으로 인해 변비를 예방할 수 있다.

비만의 경우 아침 식사를 하면 점심 식사 때까지 공복이 길지 않기 때문에 과식을 예방할 수 있다.

그러나 아침 식사를 거르게 되면 다음 식사 전까지 군것질을 하거나, 다음 식사에 폭식을 할 수도 있다. 그리고 부족한 에너지원을 보충하기 위해 내 몸에 있는 지방을 분해하는 과정에서 생기는 젖산이 비만을 유발한다. 내 몸에서 오랜 공복이 습관적으로 지속된다면, 나중을 위해 식사 때에 섭취한 영양소를 피하지방의 형태로 우리 몸에 저장을 하게 되며, 그로 인해 콜레스테롤이 쌓이기 쉽다.

아침밥의 힘

나는 어릴 적에 엄마가 항상 아침밥을 챙겨주셨고, 매일 습관적으로 아침밥을 먹어서 그런지 신체 리듬의 균형이 매우 안정적이었다. 면역력도 남들보다 높아서 예방접종 외에 병원에 갈 일이 없었다. 타고난 건강도 있었겠지만 아침밥을 거르지 않는 습관 때문이었던 것 같다. 아침밥을 먹는 게 좋다는 건 살면서 더 잘 느끼게 되었다. 고등학교까지는 집에서 생활했기 때문에 아침밥을 항상 먹었고, 식습관뿐 아니라 모든 면에서 규칙적인 생활을 했기 때문에 건강에 별다른 이상이 없었다.

그런데 대학을 진학한 후부터는 아침을 잘 챙겨먹지 못했고, 식습관도 매우 불규칙해졌다. 직장을 다니면서도 아침을 먹지 않는 날이 더 많아졌다.

아침을 매일 먹을 때는 속이 불편한 적이 없었는데, 아침을 안 먹다가 간혹 아침을 먹게 되면 속이 매우 불편했다. 아침밥을 먹지 않아서 그런지, 점심 식사에 폭식을 하기도 했다. 아침밥을 꾸준히 먹었을 때와 그렇지 않았을 때 내 몸에 일어나는 변화를 보고 아침밥의 중요성에 대해 더 잘 알게 되었다. 그래서 나는 아무리 바빠도 우리 아이는 아침밥을 꼭 먹이고 있다.

학교에서의 아침밥 먹기 운동

학교에서는 매년 상·하반기에 학생들이 아침밥을 먹고 오는지 조사를 한다. 현실적으로 매일 조사할 수는 없기 때문에, 조사 기간 동안 아이들이 아침밥을 몇 번 먹었는지를 조사해서 통계를 내고 있다. 아침밥을 먹고 오지 않는 학생들의 이유는 다양했다.

부모님들이 바빠서 아침 식사를 챙겨주지 못했다거나, 늦잠 자서 못 먹고 왔다는 학생들이 많았다. 그리고 아침밥을 먹지 않는 것이 습관이 돼서 먹지 않는다는 학생들도 있었다. 아침에 눈뜬 후 입맛이 없어서 먹지 않는다는 학생들도 있었고, 먹고 싶은 반찬이 없어서 먹지 않았다는 학생도 있었다.

학기 초에 아침밥 먹는 학생들을 조사한 후, 아침밥 먹기에 대해 교육을 실시하고, 가정통신문이나 홈페이지 알림장을 통해 부모님들께도 아침밥의 중요성에 대해 강조를 하면, 하반기에는 아침밥을 먹고 등교하는 학생들이 좀 더 많아지긴 한다. 한번은 점심

시간에 학생들과 아침밥에 대해 이야기를 나눴다.

늦잠 자서 아침을 못 먹고 왔다는 아이들도 있었고, 아침을 잘 챙겨먹고 다니는 아이들도 있었다. 전날 저녁에 먹다 남은 치킨을 먹고 왔다고 하는 아이도 있었다. 그중 매일 시리얼을 먹고 오는 한 학생이 있었다. "매일 시리얼만 먹으면 질리지 않니?"라고 그 학생에게 물어봤다. 그 학생은 "시리얼의 종류가 많아서 매일매일 바꿔가면서 먹고 와요"라고 재미있는 대답을 했다.

70년대 새마을운동처럼 학교에서는 '아침밥 먹기 캠페인'을 통해 아침밥을 먹고 오는 학생들이 증가할 수 있도록 유도한다. 학생들이 직접 만든 포스터나 표어로 교문이나 복도에 학생들이 볼 수 있도록 전시를 하거나, 점심시간 등 쉬는 시간에 몇몇 학생들이 함께 푯말을 들고 다니면서 아침밥 먹기에 대해 강조를 한다.

어떤 학교에서는 상·하반기 한 번씩 주먹밥과 음료 또는 모듬 과일처럼 간단히 먹을 수 있는 아침밥을 만들어서 교문에서 아이들에게 나눠주기도 한다. 아침밥을 만들어서 제공하는 행사는 여러 가지 문제로 매일 진행할 수는 없지만, 이벤트처럼 일 년에 한두 번 정도 하는 학교도 있다. 그만큼 아침밥의 중요성은 아무리 강조해도 지나치지 않을 만큼 모든 사람들에게 매우 중요하다.

학생들이 아침 식사를 하면 집중력과 기억력이 좋아져 공부를 잘할 수 있다. 게다가 비만을 예방해주고, 튼튼하게 성장하는 데 도움을 줄 수 있다. 아침 식사를 하면 저작운동을 하기 때문에 잠자고 있는 뇌를 깨우면서 동시에 뇌에 필요한 포도당을 공급해 줄 수 있다. 성장기 어린이의 경우 아침밥으로 인해 영양불균형을 해소할 수도 있다.

바쁜 현대인들의 아침 식사는?

맞벌이 부부의 경우, 아이들 등교 준비와 출근 준비로 바쁜 시간에 아침을 챙겨 먹는다는 건 쉬운 일이 아니다. 나 역시도 아침을 매일같이 차려서 먹는다는 건 쉽지 않다. 그러나 아침밥을 먹고 출근한 경우와 그렇지 않은 경우를 겪어보면, 이제는 '아침밥이야 한 끼 굶어도 괜찮겠지'라는 생각을 버리게 된다.

그렇다면 아침밥을 어떻게 해야 할까? 물론 아침밥을 차려 먹을 여력이 충분하다면 상관없지만, 매일 황제처럼 챙겨서 먹기엔 대부분의 사람들은 현실적으로 너무 힘들다. 내 경우에는 주말이나 평일 저녁을 이용해서 아침을 준비하고 있다.

예를 들어 주말에 미리 다음 주에 먹을 반찬을 만들어놓는다. 그렇게 해서 아침에는 간단히 할 수 있는 요리 하나 정도만 해서 아침을 차려먹는 방법이 있다. 나는 주말에 만들어놓은 다양한 반찬을 아침 식탁에 한 번에 다 올리지 않는다. 요일을 정해서 빨리 먹어야 하는 반찬의 경우 먼저 상에 올리고, 천천히 먹어도 되고 좀 더 오래 보관할 수 있는 반찬을 주말쯤에 먹는다. 그러면 반찬의 종류가 바뀌기 때문에 질리지도 않고, 상 차릴 때 시간을 절약할 수도 있다.

나는 출근하는 5일을 매일 한식으로 차리지도 않는다. 때에 따라서는 시리얼을 먹을 때도 있다. 간단히 빵에 잼을 발라 먹는 경우도 있고, 달걀프라이를 해서 토스트를 만들어 먹는 경우도 있다. 또 저녁에 죽을 준비해서 아침에 쉽게 데워 먹기도 한다. 저녁에 주먹밥에 들어갈 재료를 준비해놓고, 아침에 밥을 뭉치기만 해서 먹기도 한다. 신선한 샐러드나 과일, 요구르트를 곁들여 먹기도 하고, 우유나 두유를 함께 먹기도 한다.

아침에 꼭 한식을 먹어야만 한다는 법은 없다. 대신 다른 종류의 식사를 준비할 때도 가급적 영양소 균형을 맞추기 위해 노력한다. 아침을 만들 시간적 여유가 없을 때는 저녁에 사온 음식을 다음날 데워 먹기도 한다. 간혹 전날 퇴근하면서 미리 죽을 사다가 다음날 아침에 데워서 먹기도 한다. 출근 준비하는 동안 고구마나 감자, 달걀 같은 것을 쪄서 다른 음식과 함께 먹기도 한다.

아침밥도 습관이다

우리 아이가 유치원에 다니기 전까지는 내가 아침을 준비할 시간이 많기도 해서 아침에 밥을 먹이기가 어렵지 않았다. 그리고 "아침밥은 꼭 먹어야 해"라고 늘 이야기를 해줬다. 그런데 한번은 빵을 먹고 싶다고 해서 아침에 빵을 먹고 가더니, "엄마, 아침에 빵을 먹어서 그런 건지 조금 먹어서 그런 건지 유치원 가서 배가 고팠어요"라면서 다음부터는 늘 먹던 밥을 달라고 했다.

유치원 다닐 때 우리 아이는 아침에 무조건 밥을 먹어야 한다고 생각했던 것 같다. 그렇지만 지금 우리 아이는 아침에 빵, 밥, 시리얼 등 가리지 않고 주는 대로 골고루 잘 먹는다.

아무리 바빠도 아침을 꼭 챙겨 먹이다 보니, 우리 아이도 아침 먹는 습관이 길러지게 되었다. 태어나서 지금까지 아침밥을 꼭 챙겨주다 보니, 이제 우리 아이는 아침에 눈을 뜨면 밥부터 찾게 된다. 아침밥을 먹고 학교에 가는 아이들이 아침을 먹지 않고 가는 아이들에 비해 더 활기차고 건강한 학교생활을 할 수 있다는 것은 틀림없다.

그동안 아침밥을 먹지 않았다고 걱정할 필요는 없다. 지금부터라도 아침밥을 먹는 습관을 기르면 된다. 며칠 해보고 "나는 아침을 먹었더니, 속이 안 좋고 더 힘들더라" 하고 포기할 수도 있다. "우리 아이도 아침 먹는 것을 힘들어 하니, 서로를 위해 그냥 예전처럼 안 먹는 게 더 좋겠다"라고 하면서 포기할 수도 있다. 습관이라는 것은 하루아침에 생기지 않는다. 공부하는 습관도 하루아침에 되는 것이 아닌데, 아침밥 먹는 습관도 하루아침에 생기지 않는다. 당연히 서로가 시간을 가지고 꾸준히 노력해야 생길 수 있다. 가족 모두 아침밥 먹는 습관을 길러 모두의 건강을 챙길 수 있어야 한다.

아이들이 아침밥을 잘 먹도록 하기 위해서는 일찍 자고 일찍 일어나도록 하는 것이 중요하다. 충분한 수면 후의 개운한 몸의 상태는 식욕을 높여주기 때문이다. 또 저녁을 너무 늦게 먹지 않도록 한다. 전날 늦은 밤에 먹은 음식이 소화되지 않은 상태에서는 아침에 식욕이 없어지기 때문이다. 아침에 일어나서 간단한 스트레칭이나 운동을 하면 장의 기능을 촉진시켜 식욕을 증진시킬 수 있다.

그래도 아침 먹을 시간이 없다면 우유나 간단한 과일이라도 먹을 수 있도록 노력하면 된다. 조금이라도 먹는 것이 습관이 되다 보면 점점 아침을 먹기 수월해질 수 있다. 만약 저녁에 함께 모여 식사할 시간이 없는 가정이라면 아침 식사 시간을 활용하여 가족이 모두 모여 식사하는 것도 좋다. 아침에 가족이 모두 모여 식사할 경우 정서적으로 안정되며 가족 간의 유대감을 형성해 행복함을 느낄 수 있기 때문이다.

5장

아이와 함께 만드는 건강 간식

건강 채소꼬치

아이들에게 방울토마토를 그냥 주면 잘 먹지 않다가도, 꼬치에 끼워서 주면 재미있어서 먹게 된다. 이런 활동을 통해 편식을 예방할 수 있다.

재료

파프리카
메추리알
방울토마토
대나무꼬치

만드는 법

1. 파프리카를 씻어서 꼬치에 끼울 만큼 조각낸다.
2. 메추리알과 방울토마토도 흐르는 물에 씻어서 준비한다.
3. 아이들과 함께 대나무꼬치에 끼운다.

팁

- 꼬치에 끼우는 재료는 언제든지 다른 재료로 변형이 가능하다. 예를 들어 메추리알 대신 닭가슴살, 어묵, 햄 같은 재료로 대체한다거나, 채소 대신 과일을 이용해도 좋다.
- 밥을 잘 먹지 않는 아이들은 밥을 주먹밥처럼 뭉친 후 꼬치에 끼워주면 재미있게 먹을 수 있다.

건강 햄버거

햄버거에 들어있는 채소를 잘 먹지 않는 아이들도, 본인들이 직접 만든 햄버거에 있는 채소는 때에 따라 잘 먹기도 한다. 부모와 함께 얼굴 모양 햄버거를 만드는 활동을 하면서 서로 대화를 하면 아이들 정서 발달에도 좋은 영향을 미치게 된다.

재료

햄버거빵
패티
달걀
토마토
치즈
양상추
케첩(소스)

만드는 법

1. 햄버거 빵 뚜껑에 아이들이 얼굴을 직접 꾸미게 한다.
2. 아이들이 얼굴을 만드는 동안, 패티를 굽는다.
3. 달걀프라이를 하고, 토마토와 양상추도 손질한다.
4. 준비된 재료를 주고 아이들에게 직접 햄버거를 만들도록 한다.

팁

- 햄버거 패티는 닭가슴살, 떡갈비 등 아이들이 좋아하는 다양한 재료로 대체할 수 있다. 예를 들어 두부를 구워 사용하거나, 동그랑땡이나 볶음밥을 뭉쳐서 구운 후 활용할 수도 있다.
- 햄버거빵을 구하기 어려우면 식빵, 모닝빵 등 일반 빵으로 사용해도 무방하다.
- 소스도 케첩 외에 아이들이 좋아하는 다양한 소스를 활용해도 좋다.

딸기청 우유

시중에 파는 음료 대신 아이들과 함께 만든 딸기청으로 시원한 음료를 만들어 먹으면 건강에도 좋고, 아이들은 만족감과 성취감이 높아지게 된다.

재료
딸기
설탕(꿀)
유리병
우유

만드는 법
1. 딸기를 깨끗이 씻은 후, 물기를 뺀다.
2. 깨끗이 소독한 유리병에 딸기를 썰어 설탕(꿀)에 1:1로 재운다.
3. 2~3일 숙성이 되면(설탕이 다 녹았을 때) 완성된 딸기청에 우유를 넣으면 완성이 된다.

팁
- 딸기청은 만든 후 며칠 정도 숙성한 후 사용하면 맛과 향이 더 좋다.
- 딸기청 대신 오미자청, 청귤청 등을 이용하여 우유를 넣어 마셔도 좋다.
- 여름에는 탄산수와 딸기청을 넣은 음료를 아이들과 함께 만들어 마셔도 좋다.

토르티야 견과류 피자

견과류를 좋아하지 않는 아이들도 바삭하게 구워주면 누룽지나 과자와 같은 식감이 느껴지므로 잘 먹을 수 있게 된다. 이 방법으로 아이들의 편식을 교정할 수도 있다. 아이들이 좋아하지 않는 재료를 활용하여 편식을 교정하는 데 도움을 받을 수 있다.

재료

토르티야
파프리카
각종 견과류
딸기잼(무화과잼)
피자치즈

만드는 법

1. 토르티야에 딸기잼을 바른다.
2. 딸기잼을 바른 토르티야 위에 손질한 파프리카, 견과류, 피자치즈를 올린다.
3. 토르티야 색이 변하고 피자치즈가 녹을 정도로 오븐에서 굽는다.

팁

- 딸기잼 대신 무화과잼이나 다른 잼을 이용해도 된다. 아니면 피자소스를 활용해도 된다.
- 오븐이 없다면 프라이팬을 이용해서 뚜껑을 덮고 약한 불에서 피자치즈가 녹을 정도로 구워내면 된다.
- 피자 위 토핑은 아이들이 좋아하는 다양한 재료로 변형 가능하다.
- 피자치즈를 올리지 않고, 토르티야에 딸기잼과 견과류만 넣고 구우면 얇은 견과류 칩이 되어 아이들 간식으로 매우 좋다.

리코타 치즈

우유를 잘 먹지 않는 아이들의 경우, 치즈나 수제 요구르트를 함께 활용하여 만들어 먹게 되면 우유 편식에 대한 부담감을 줄일 수 있다. 또한 우유를 잘 먹지 않는 아이들과 함께 치즈를 만들어 먹어보는 것도 재미있는 경험이 될 수 있다. 만들어진 리코타 치즈를 샐러드와 같은 요리에 활용하면 좋다. 앞에서 말한 딸기청을 샐러드 소스로 활용해도 좋다.

재료
우유
레몬즙(식초로 대체 가능)
소금
생크림(생략 가능)

만드는 법
1. 우유 1,000ml, 생크림 500ml, 소금 1/3큰술, 레몬즙 5큰술을 섞어준다.
2. 모든 재료를 섞은 후에 중불에서 팔팔 끓인다. 끓일 때 재료들을 절대로 휘젓지 않도록 한다. 끓어서 거품이 많이 나면 약불로 줄인다.
3. 한 번 끓인 후에 순두부 같은 덩어리가 생길 때까지 약불에서 약 30분 정도 끓여준다. 응고가 잘 되지 않는다면 레몬즙이나 식초를 2큰술 정도 더 넣어준다.
4. 덩어리를 면포에 올리고 면포의 물기를 전부 짜준다.
5. 면포에 감싼 채로 그릇에 두어 냉장고에 6시간 정도 보관하면 완성된다.

팁
- 뚜껑 있는 큰 용기에 따뜻한 물을 넣고, 그 안에 유산균 요구르트 500ml와 우유 500ml가 담긴 플라스틱 용기를 넣어 12시간이 지나면 수제 요구르트를 맛볼 수 있다.

쌀클레이 떡

클레이 반죽을 만지며 노는 활동은 아이들의 소근육 발달에 매우 좋다. 또한, 소근육을 자주 사용함으로 인해 두뇌 발달에도 많은 도움을 받을 수 있다. 이런 활동을 통해 아이들의 오감이 발달하며, 사회적·정서적 발달에 매우 좋은 영향을 미치게 된다.

재료
찬밥
식용색소
참기름

만드는 법
1. 찬밥과 식용색소, 약간의 참기름을 비닐봉지에 넣는다.
2. 비닐봉지에 있는 재료를 계속해서 주무르면 클레이 반죽이 완성된다.
3. 완성된 반죽으로 여러 가지 모양을 만들면 된다.

팁
- 참기름을 넣고 해야 반죽이 손에 잘 묻지 않고, 윤기가 난다.
- 식용색소가 없다면, 카레가루나 천연색소를 활용하면 된다. 천연색소는 시금치즙, 당근즙과 같은 것을 활용하면 된다.

채소 계란빵

바쁜 아침에도 간단하게 만들 수 있어서 아이들 아침밥 대신 활용해도 좋다. 또, 아이들 영양 간식으로도 좋다. 채소를 싫어하는 아이들의 경우 토핑을 위에 올리지 말고, 빵 안에 넣어 구워주면 모르는 사이에 채소를 섭취할 수 있다.

재료
식빵
파프리카
달걀
빵틀(그릇)
우유(물)
소금 약간

만드는 법
1. 식빵을 빵틀에 넣는다(빵틀에 약간의 기름을 바르면 완성된 후 잘 떨어진다).
2. 빵틀에 넣은 식빵에 우유나 물을 살짝 적신다.
3. 식빵 위에 달걀을 깬 후 소금을 약간 넣는다.
4. 잘게 다진 파프리카나 채소를 그 위에 올린다.
5. 달걀이 익을 때까지 오븐에 굽는다(180도에서 15~20분)

팁
- 식빵을 우유나 물에 적시면 먹었을 때 빵의 식감이 좀 더 촉촉해져서 좋다.
- 집에 파슬리 가루가 있다면 완성 후에 파슬리 가루를 올려서 먹어도 좋다.
- 식빵 대신 시중에 파는 핫케이크 가루나 도넛 가루를 반죽해서 넣어도 된다.
- 빵틀이 없는 경우 밥그릇을 활용해도 된다. 단, 밥그릇을 활용할 때에는 오븐에 구운 후 빵이 잘 떨어질 수 있도록 밥그릇에 약간의 기름칠을 한다.

두부 동그랑땡

아이들에게 반죽을 주면서 꼭 동그란 모양이 아니어도 된다고 알려주자. 오히려 훨씬 다양하고 재미있는 모양이 나와 만드는 재미도, 먹는 재미도 좋아진다. 아이들이 반죽으로 모양을 만드는 활동을 통해 심신의 안정, 정서 발달, 소근육 발달에 매우 좋은 영향을 미치게 된다.

재료
두부
파프리카
당근
밀가루(감자전분)
달걀
소금

만드는 법
1. 파프리카나 당근과 같은 채소를 잘게 다진다.
2. 두부를 으깬 후, 잘게 다진 채소와 소금을 살짝 넣고 반죽한다.
3. 반죽을 동그란 모양으로 빚는다.
4. 동그란 모양의 반죽을 밀가루나 감자전분에 묻힌다.
5. 달걀을 풀고 밀가루 묻힌 반죽을 계란 물에 적신 후 프라이팬에 굽는다.

팁
- 두부 동그랑땡 안에 넣는 채소는 집에 남아 있는 자투리 채소를 활용하면 된다.
- 두부 대신 주먹밥이나 볶음밥을 활용해도 된다. 예를 들어 주먹밥이나 볶음밥을 동그랑땡 모양으로 만든 후 밀가루나 감자전분을 묻히고, 달걀물에 넣어 부치면 된다.

부리토

부리토에 들어가는 재료를 다양하게 준비하면 아이들 편식 교정에 좋다. 아이들이 직접 만든 부리토를 가족들이 먹게 되면 아이들이 만족감과 성취감을 느끼게 된다.

재료
토르티야
닭가슴살
파프리카
소스

만드는 법
1. 닭가슴살을 찢어서 준비한다.
2. 파프리카를 길게 썰어 준비한다.
3. 토르티야에 닭가슴살, 파프리카, 소스를 넣고 접으면 된다.

팁
- 부리토 안에 넣을 재료들은 집에 남아 있는 자투리 채소나, 다른 것들로 활용해도 된다. 부리토 안에 치즈를 넣어 전자레인지에 치즈가 녹을 정도로 살짝 돌리면 치즈 부리토가 된다.
- 소스는 아이들이 좋아하는 모든 소스로 대체 가능하다.
- 부리토 만드는 것처럼, 아이들과 함께 라이스페이퍼를 활용하여 월남쌈을 만들어도 좋다.

건강 쿠키

쿠키 만들기는 아이들 오감 발달, 정서 발달에 매우 좋은 활동이다.

재료

쿠키용 박력분 밀가루(계량이 어려운 경우 시중에 파는 쿠키믹스를 사용해도 된다), 달걀, 버터, 슈거파우더, 코코아파우더, 스프링롤 등

만드는 법

1. 쿠키믹스에 박력분 밀가루를 첨가한 후 달걀, 버터(식용유)를 넣고 섞는다.
2. 다 섞은 반죽을 만들고 싶은 쿠키 모양으로 만든다.
3. 반죽이 익을 때까지 오븐에 구우면 완성된다. 오븐이 없으면 뚜껑 있는 프라이팬을 활용하면 된다.
4. 완성된 쿠키에 슈거파우더나 코코아파우더, 스프링롤을 뿌려 모양을 만들어도 된다. 슈거파우더, 코코아파우더, 스프링롤은 없으면 사용하지 않아도 된다.

팁

- 시중에 파는 쿠키믹스는 너무 달기 때문에 쿠키용 박력분 밀가루를 좀 더 넣어 사용하면 단맛도 줄어들고 쿠키의 양도 늘어나서 좋다.
- 쿠키 반죽에 시금치가루나 잘게 다진 채소를 넣어 쿠키를 구워도 좋다.
- 시간적 여유가 있다면 시중에 파는 쿠키믹스가 아닌, 쿠키용 박력분 밀가루를 사용하여 직접 반죽을 만들어 사용해도 된다.

에필로그

성장하는 삶을 산다는 것

나는 사람을 좋아하고, 사람과의 만남과 소통을 매우 좋아한다. 그렇기에 늘 삶이 즐겁다. 그리고 여행하면서 새로운 것을 접하는 것도 내게는 매우 좋은 추억이며 신선한 경험이 된다. 다른 사람이 써놓은 책을 읽는 것도 작가의 생각을 알 수 있어서 즐겁다. 내가 살아 있어 숨을 쉬는 것부터 보고 듣고 만지고 느끼는 모든 행위가 늘 감사하고 행복하다.

언제부턴가는 죽기 전에 책을 한번 써보고 싶다는 생각을 했다. 아마도 나는 생각했던 것을 현실로 만드는 재주가 있는 것 같다. 책을 출간해 세상에 선한 영향력을 나누고 싶다는 호기심으로 시작한 이 일이 긴장되면서도 두근두근, 설레기 시작했다.

매일 반복되는 같은 일상이라도 하루하루 성장하는 삶을 산다는 건 내게 매우 즐겁고 행복한 일이다. 독서도 마찬가지다. 이 책을 읽은 후 실천하지 않고 생각으로만 끝낸다면 우리 아이들의 식습관에 아무런 변화를 기대할 수 없다. 누구든 어떤 것이든 생각만 하면 아무것도 변하지 않는다. 행동이라는 실천의 마법을 부려야 지만 내가 원하는 현실로 연결될 수 있다. 이 책을 읽는 독자들이 읽는 것에 그치지 말고, 행동으로 옮겨 우리 아이들에게 건강하고 올바른 식습관이 정립될 수 있다면 좋겠다.

내가 좀 더 성장한 삶을 살 수 있도록, 생각을 현실로 만들어 준 라온북 조영석 소장님, 좀 더 제대로 된 멋진 글을 완성할 수 있도록 이끌어주신 이연선 차장님, 보이지 않는 곳에서 도움을 주시는 출판팀 식구들에게 진심을 담아 감사한 마음을 전하고 싶다.

마지막으로 나를 믿고 지켜봐 준 사랑하는 우리 가족들, 항상 언제나 내게 삶의 조언을 아끼지 않는 서울 아저씨, 사진 작업을 하느라 고생해준 Jong Kweon Park 오라버니, 송곡초 교직원분들과 급식실 식구들, 그동안 나를 응원해준 내 주변의 모두에게 감사한 마음을 전하고 싶다. 그리고 나를 세상 그 누구보다 믿어주고 사랑해준 언제나 보고 싶고 그리운 (故)이한원 아버님의 삶에 경의를 표한다.

북큐레이션 • 평생 건강하게 살고 싶은 사람들에게 추천하고 싶은 책

《편식하는 아이 건강하게 키우는 방법》과 읽으면 좋은 책. 100세 시대, 탄탄한 자기관리를 통해 몸과 마음의 건강을 유지하는 법을 알려드립니다.

다섯가지 면역 치료법 수록

면역력을 처방합니다

정가영 지음 | 16,000원

오늘도 약만 챙기시나요?
매번 먹는 진통제보다 강력한 면역 치료법

'몸살감기', '입병', '변비'등 '언젠가는 낫겠지'하면서 오늘도 무심하게 지나치는 생활 속 질환들. 바로 이 질환들이 내 몸에 있는 면역력이 약해져서 세포들이 다급하게 보내는 SOS다! 이 신호를 무시하면 결국 병이 좋아하는 몸이 되어 치명적인 질병이 찾아오게 된다. 이러한 치명적인 병들을 막아주는 든든한 지원군이 있다. 바로 우리 몸에서 열심히 일하고 있는 면역세포들이다. 이 책은 면역력이 더욱 강력해질 수 있는 영양분, 스트레스 관리법, 피해야 할 인공 화학물질 등을 기능의학의 관점에서 소개한다. 이 책을 읽으면 병에 걸리기 전에 미리 건강을 챙겨 몸의 밸런스를 맞추는 현명한 사람이 될 수 있을 것이다.

다이어트 레시피 수록

마음껏 먹어도 날씬한 사람들의 비밀

김정현 지음 | 15,000원

요요 없이 누구나 쉽게 살 뺄 수 있다!
압구정 뷰티 전문 약사의 체중 감량법!

압구정에서 10년 넘게 뷰티 전문 약국을 운영해온 김정현 저자는 식사를 제한하지 않고도 살을 뺄 수 있는 획기적인 다이어트 방법, 磯PB 날씬균 다이어트'를 고안해냈다. 우리 몸속 장내 미생물에는 크게 '뚱뚱균'과 '날씬균'이 있는데, 이 책의 저자는 뚱뚱균을 줄이고 날씬균을 늘리면 마음껏 먹어도 살이 찌지 않는 체질이 될 수 있다고 주장한다. 뚱뚱균이 좋아하는 음식을 끊고 날씬균이 좋아하는 음식을 먹으면 아무리 먹어도 살이 찌지 않는다는 것이다. 요요 현상이 없는 획기적인 다이어트 방법을 찾고 있다면 磯PB 날씬균 다이어트'를 시작해보자.

혼밥족을 위한 실용 레시피 수록

참 쉬운 혼밥

노고은 지음 | 11,000원

**SNS 10만 구독자가 열광하는
요리블로거 노장금 의 첫 번째 요리책!**

요리를 해보려고 해도, 레시피에 있는 재료들은 낯설기만 하다. 적당히 한 끼 차려먹고 싶은 마음뿐인데, 여러 단계로 나뉜 레시피는 따라 하기 벅차기만 하다. 결국 오늘도 배달책자를 뒤적이고 라면을 끓이는 혼밥족들! 노장금의 『참 쉬운 혼밥』에는 이러한 혼밥족을 위해, 친숙한 냉장고 재료로 간편하고 빠르게! 그리고 맛있고 폼 나게 만들어 먹는 실용 레시피를 소개한다. 모든 레시피가 3~6단계로 간단하게 정리되어 한눈에 요리 과정을 이해하기도 간편하다. 또한, 1인 가구 맞춤형 장보기 TIP, 낯선 재료 냉장고 재료로 대체하는 법 등 혼밥족을 위한 살림 노하우도 가득 담겨 있다.

과일마다 다른 영양 성분과 보관법

1% 맛있는 과일 고르는 법

강야곱 지음 | 15,000원

**내가 고른 과일은 왜 맛이 없을까?
이제는 과일 사는 돈이 아깝지 않아진다!**

우리는 맛있는 과일 고르기가 어렵다는 것도, 보관하는 방법이 쉽지 않다는 것도 알고 있다. 하지만 과일이 주는 상큼함과 달콤함, 넘치는 영양만큼은 대체 불가다. 그렇다면 과일을 살 때 어떤 기준으로 골라야 할까? 나에게 필요한 과일은 무엇일까? 이 책은 나에게 딱 필요한 과일 섭취법과 고르는 방법, 보관 방법에 관한 모든 것을 담아냈다. 사계절 내내 내 입맛을 돋우는 달콤한 과일을 먹고 싶은 사람들을 위한 책! 15년 동안 과일 외길을 걸으며 과일전도사를 꿈꾸는 과일전문가의 과일 지식 대방출! 지금 이 순간부터 고민하지 말고 365일 내내 싱싱한 과일을 통해 건강과 맛을 동시에 사로잡아라!